George Friedrich Meiers

Auszug aus der Vernunftlehre

George Friedrich Meiers

Auszug aus der Vernunftlehre

ISBN/EAN: 9783743300231

Hergestellt in Europa, USA, Kanada, Australien, Japan

Cover: Foto ©Thomas Meinert / pixelio.de

Manufactured and distributed by brebook publishing software
(www.brebook.com)

George Friedrich Meiers

Auszug aus der Vernunftlehre

George Friedrich Meiers

ordentlichen Lehrers der Weltweisheit und der
berlinischen Academie der Wissenschaften
Mitgliedes

Auszug

aus der

Vernunftlehre.

MISCU VTILE DVLC

Zwote verbesserte und vermehrte Auflage.

Mit Königl. Poln. und Churfürstl. Sächs. allergnädigsten Freyheiten.

HALLE,
bey Johann Justinus Gebauer. 1760.

Vorrede.

D a diese gegenwärtige Schrift ein blosser Auszug aus meiner grössern Vernunftlehre ist, welche zu gleicher Zeit mit dieser ans Licht trit; so habe ich nichts weiter zu erinnern, als daß ich diesen Auszug zum Gebrauch in meinen Lesestunden, verfertiget habe, und

daß

daß ich ein Paar Materien in dem Auszuge abge=
handelt habe, welche ich in dem gröſſern Werke
ausgelaſſen. Da ich ſchon ſeit geraumer Zeit an
meiner gröſſern Vernunftlehre gearbeitet habe, ſo
darf niemand glauben, als wenn ich zu eilfertig
in der Verfertigung dieſer beyden Schriften gewe=
ſen wäre. Wenn mich iemand deswegen tadeln
will, daß ich mit zwey Vernunftlehren zu gleicher
Zeit ans Licht trete, ſo muß ich abwarten, was
er für eine vernünftige Urſach ſeines Tadels anzu=
geben im Stande ſeyn wird. Die etwa einge=
ſchlichenen Druckfehler wird der geneigte Leſer gü=
tigſt entſchuldigen. Ich wünſche, daß ich, mit
dieſer Schrift, vielen Leuten einen angeneh=
men Dienſt leiſten möge.

Vorrede

zu der andern Auflage.

Jn dieser neuen Ausgabe meines Aus-
zuges aus der Vernunftlehre habe
ich, den Inhalt eines ieden Abschnitts, vordrucken lassen. Wer sich einer Materie, mit seinem Verstande, auf eine philosophische
Art bemächtigen, und dieselbe, im Ganzen betrachtet, mit der gehörigen Deutlichkeit einsehen will,

der

der muß sie mit allen ihren Theilen ordentlich über=
sehen. Sonst erfolgt was Horaz in einem andern
Falle sagt:

Aemilium circa ludum faber imus et vngues
Exprimet, et molles imitabitur aere capillos
Infelix operis summa, quia ponere totum
Nesciet.

Zu dieser Einsicht ins Ganze einer Materie
sind nun solche Tabellen, die den Inhalt eines gan=
zen Abschnitts deutlich und ordentlich vor Augen
stellen, ungemein beförderlich, und ich habe dabey
allen ängstlichen Zwang vermieden. Uebrigens em=
pfehle ich mich und meine Arbeit, dem geneigten
Leser, zum Wohlwollen. Geschrieben auf der
Friedrichsuniversität an der Michaels=
messe 1760.

Ein=

Einleitung in die Vernunftlehre.

§. 1.

Die Vernunftlehre oder die Vernunft-
kunſt (logica, philoſophia inſtru-
mentalis, philoſophia rationalis) iſt
eine Wiſſenſchaft, welche die Regeln
der gelehrten Erkentniß und des gelehrten Vortrages abhandelt.

§. 2. Damit die Vernunftlehre keine ganz will-
kührlichen, gekünſtelten und unnatürlichen Geſetze enthalte,
ſo müſſen die Regeln derſelben hergeleitet werden: 1) aus
den Erfahrungen von den Würkungen der menſchlichen
Vernunft, 2) aus der Natur der menſchlichen Vernunft,
3) aus den allgemeinen Grundwahrheiten, auf welchen die
geſamte menſchliche Erkentniß beruhet.

§. 3. Die Abſicht der Vernunftlehre iſt entweder
die Vollkommenheit einer gelehrten Erkentniß und eines gelehrten Vortrages, welche ſich blos für Gelehrte von Pro-
feſſion ſchicken, oder welche auch andern Gelehrten anſtän-
dig und brauchbar ſind.

§. 4. Die Vernunftlehre ist ein Mittel, ohne welchem man keine gelehrte Erkentniß und Wissenschaft erlangen kan, und durch dessen gehörigen Gebrauch eine gelehrte Erkentniß und Wissenschaft erlangt wird §. 1.

§. 5. Die Weltweisheit (philosophia) ist eine Wissenschaft der allgemeinern Beschaffenheiten der Dinge, in so ferne sie ohne Glauben erkant werden. Da nun die gelehrte Erkentniß und der gelehrte Vortrag viele Arten unter sich begreifen, so sind ihre Vollkommenheiten und Unvollkommenheiten allgemeinere Beschaffenheiten der Dinge, welche in der Vernunftlehre völlig bewiesen werden, ohne ihre Warheit aus Zeugnissen herzuleiten. Es ist demnach, die Vernunftlehre, ein Theil der Weltweisheit.

§. 6. Die Vernunftlehre handelt entweder von einer völlig gewissen gelehrten Erkentniß und dem Vortrage derselben, oder von der wahrscheinlichen gelehrten Erkentniß und dem Vortrage derselben §. 1. Jene ist die Vernunftlehre der ganz gewissen gelehrten Erkentniß (analytica), und diese die Vernunftlehre der wahrscheinlichen gelehrten Erkentniß (dialectica, logica probabilium). Wir handeln die erste Vernunftlehre ab.

§. 7. In der Vernunftlehre werden, die Regeln der gelehrten Erkentniß und des gelehrten Vortrages, entweder auf die besondern Arten derselben angewendet oder nicht. Jene ist die ausübende Vernunftlehre (logica practica, utens) und diese die lehrende Vernunftlehre (logica theoretica, docens).

§. 8. Wenn die Vernunftlehre so beschaffen ist, wie sie vermöge ihrer Natur beschaffen seyn kan und muß, so hat sie unter andern einen dreyfachen Nutzen. 1) Sie befördert die Erlernung und Ausbreitung aller Wissenschaften, und der gesamten Gelehrsamkeit. Von der Erlernung der Vernunftlehre solte also billig, ein jeder Studierender, den Anfang machen. 2) Sie verbessert den Verstand und die Vernunft, und zeigt wie man diese Erkentnißkräfte brauchen muß, um die Wahrheit auf eine gehörige Art

ju

zu erkennen. 3) Sie beförbert die gesamte Tugend, inbem sie den freyen Willen verbessert; diejenige Erkentniß verschaft, worauf die Tugend beruhet; und in die Verbesserung des Gewissens einen unentbehrlichen Einfluß hat.

§. 9. Die Vernunftlehre handelt

I. Von der gelehrten Erkentniß.
   1. Von der gelehrten Erkentniß überhaupt.
   2. Von der Weitläuftigkeit der gelehrten Erkentniß.
   3. Von der Grösse der gelehrten Erkentniß.
   4. Von der Wahrheit der gelehrten Erkentniß.
   5. Von der Klarheit der gelehrten Erkentniß.
   6. Von der Gewißheit der gelehrten Erkentniß.
   7. Von der practischen gelehrten Erkentniß.
   8. Von gelehrten Begriffen.
   9. Von gelehrten Urtheilen.
   10. Von gelehrten Vernunftschlüssen.

II. Von der Lehrart der gelehrten Erkentniß.

III. Von dem gelehrten Vortrage.
   1. Von dem Gebrauche der Worte.
   2. Von der gelehrten Schreibeart.
   3. Von einer gelehrten Rede.
   4. Von gelehrten Schriften.

IV. Von dem Character eines Gelehrten.

Die

Die Vernunftlehre.

Der erste Haupttheil,
von der gelehrten Erkentniß.

Der erste Abschnitt,
von der gelehrten Erkentniß überhaupt.

Inhalt.

§. 10.

Die Erfahrung lehrt, daß wir uns unendlich viele Dinge vorstellen. Eine Vorstellung (repraesentatio, perceptio) verhält sich als ein Bild, welches, die malerische Geschicklichkeit der Seele, in ihrem Inwendigen zeichnet.

§. 11. Die Erkentniß (cognitio) ist entweder ein Inbegrif vieler Vorstellungen, oder diejenige Handlung, wodurch eine Vorstellung einer Sache gewürkt wird. Man kan auch, ohne einen merklichen Irrthum zu besorgen, Vorstellungen und Erkentniß für einerley halten.

§. 12. Von der Vorstellung und der Erkentniß ist dasjenige unterschieden, was wir uns vorstellen, und was wir erkennen. Das letzte wird der Gegenstand der Er-

Erkentniß und der Vorſtellung genant (obiectum cognitionis et repraeſentationis).

§. 13. Wir ſind uns unſerer Vorſtellungen und unſerer Erkentniß bewuſt (conſcium eſſe, adpercipere) in ſo ferne wir ſie und ihren Gegenſtand von andern Vorſtellungen und Sachen unterſcheiden. Das Bewußtſeyn iſt eine doppelte Vorſtellung: eine Vorſtellung des Gegenſtandes, und eine Vorſtellung ſeines Unterſchiedes von andern. Das Bewußtſeyn verhält ſich wie das Licht in der Körperwelt, welches uns den Unterſchied der Körper entdeckt.

§. 14. Wenn wir uns einer Vorſtellung bewußt ſind, ſo ſind wir uns derſelben entweder blos im Ganzen betrachtet bewußt, ſo daß wir in derſelben ſelbſt nichts von einander unterſcheiden; oder wir ſind uns auch, des Mannigfaltigen in derſelben, bewußt. In dem erſten Falle haben wir eine undeutliche oder eine verworrene Erkentniß (cognitio indiſtincta et confuſa), in dem andern aber eine deutliche (cognitio diſtincta). Zum Exempel, wenn wir einen Menſchen von ferne ſehen, ſo haben wir ſo lange eine undeutliche Erkentniß von ſeinem Geſichte, ſo lange wir die Theile und Züge des Geſichts nicht erblicken. Komt er uns aber näher, und wir fangen an, ſeine Augen, ſeine Naſe und die Züge ſeines Geſichts gewahr zu werden, ſo erlangen wir eine deutliche Erkentniß von ſeinem Geſichte.

§. 15. Dasjenige, woraus eine Sache, es mag nun dieſelbe entweder eine Erkentniß oder der Gegenſtand derſelben ſeyn, erkant werden kan, iſt der Grund derſelben (ratio), und was aus dem Grunde erkant werden kan, iſt die Folge deſſelben (rationatum). Das Licht iſt der Grund der Sichtbarkeit der Körper, und dieſe Sichtbarkeit iſt eine Folge des Lichts. Der Zuſammenhang der Sachen (nexus, conſequentia) beſteht darin, wenn das eine der Grund von dem andern iſt, oder denſelben in ſich enthält. Der Grund einer Sache iſt entweder ſo beſchaffen, daß wir unſere ganze Erkentniß von derſelben aus ihm herleiten können, dergeſtalt, daß auſſer demſelben nichts weiter

weiter erfodert wird, um alles zu erkennen, was in der Saͤ-
che angetroffen wird; oder er iſt nicht ſo beſchaffen.   Jener
iſt der hinreichende Grund (ratio ſufficiens), und dieſer
der unzureichende Grund (ratio inſufficiens).

§. 16.   Alles, was moͤglich und wirklich iſt, hat einen Grund, und es hat auch alles einen hinreichenden Grund.

§. 17.   Wenn wir etwas erkennen, ſo erkennen wir
es entweder auf eine deutliche Art aus Gruͤnden, oder nicht.
Wenn das erſte iſt, ſo haben wir eine vernuͤnftige Erkentniß (cognitio rationalis).   Zu einer ſolchen Erkentniß wird dreyerley erfodert: 1) eine Erkentniß einer Sache,
2) eine Erkentniß ihres Grundes, und 3) eine deutliche Erkentniß des Zuſammenhangs der Sache mit ihrem Grunde.   Zum Exempel: wenn ich erkenne, daß alle Menſchen
irren koͤnnen, weil ſie einen eingeſchraͤnkten Verſtand haben, und ich denke: wer einen eingeſchraͤnkten Verſtand
hat, der kan irren; nun haben alle Menſchen einen ein-
geſchraͤnkten Verſtand, alſo koͤnnen ſie insgeſamt irren: ſo
habe ich eine vernuͤnftige Erkentniß von der Wahrheit, daß
alle Menſchen irren koͤnnen.

§. 18.   Eine iedwede Erkentniß, in ſo ferne ſie
nicht vernuͤnftig iſt, wird eine gemeine oder eine hiſtoriſche Erkentniß genant (cognitio vulgaris, hiſtorica).
Alle Dinge koͤnnen hiſtoriſch erkant werden. Wenn man auch
ſo gar die Gruͤnde derſelben erkent; ſo lange man den Zuſammenhang der Folgen mit ihren Gruͤnden nicht deutlich ein-
ſieht, ſo lange hat man nur eine blos hiſtoriſche Erkentniß.

§. 19.   Eine vollkommenere hiſtoriſche Erkentniß iſt
eine ſchoͤne Erkentniß (cognitio pulcra, aeſthetica),
und die ſchoͤnen Wiſſenſchaften beſchaͤftigen ſich mit den Regeln, durch deren Beobachtung die hiſtoriſche Erkentniß
verſchoͤnert wird.

§. 20.   Obgleich die hiſtoriſche Erkentniß von der
vernuͤnftigen ſehr unterſchieden iſt §. 17. 18, dergeſtalt, daß
die allerſchoͤnſte hiſtoriſche Erkentniß nicht einmal eine ver-
nuͤnftige Erkentniß genennet zu werden verdient §. 19; ſo iſt
doch

doch ſtne zu dieſer unentbehrlich, indem ein Menſch keine vernünftige Erkentniß von einer Sache erlangen kan, wenn er
nicht vorher eine hiſtoriſche Erkentniß von derſelben beſitzt.

§. 21. Die gelehrte und philoſophiſche Erkentniß (cognitio erudita et philoſophica) iſt eine vernünftige Erkentniß, welche in einem höhern oder merkli-
chern Grade vollkommen iſt.

§. 22. Wenn das Mannigfaltige in einer Erkentniß zu einer Abſicht übereinſtimt, oder den hinreichenden
Grund von derſelben enthält: ſo beſteht darin die Vollkommenheit der Erkentniß (perfectio cognitionis).
Die Vollkommenheiten der Erkentniß finden entweder in
ihr ſtat, in ſo ferne ſie deutlich, oder in ſo ferne ſie unbeut-
lich iſt §. 14. Jene werden die logiſchen Volkommen-
heiten der Erkentniß (perfectio cognitionis logica),
und dieſe die Schönheiten derſelben genant (pulcritu-
do et perfectio aeſthetica cognitionis). Z. E. die mathematiſche Gewißheit, iſt eine logiſche Vollkommenheit, und
die maleriſche Lebhaftigkeit eine Schönheit der Erkentniß.

§. 23. In ſo ferne eine Erkentniß nicht vollkommen
iſt, in ſo ferne iſt ſie eine unvollkommene Erkentniß
(imperfectio cognitionis). Die Unvollkommenheiten der
Erkentniß finden entweder in ihr ſtat, in ſo ferne ſie deutlich, oder in ſo ferne ſie undeutlich iſt §. 14. Jene werden
die logiſchen Unvollkommenheiten der Erkentniß
(imperfectio cognitionis logica), und dieſe die Häßlich-
keiten derſelben genant (deformitas, imperfectio cognitionis aeſthetica). Z. E. das ſäuiſche und zotenmäßige in
den Alltagsſcherzen iſt eine Häßlichkeit der Erkentniß; ein
falſcher Vernunftſchluß aber iſt eine logiſche Unvollkommenheit derſelben.

§. 24. Die gelehrte Erkentniß muß mit den Vollkommenheiten der Erkentniß ausgeſchmückt ſeyn §. 21. 22.
Folglich beſitzt ſie entweder blos die logiſchen Vollkommenheiten der Erkentniß, indem ſie entweder gar nicht ſchön
oder zugleich wol gar häßlich iſt; oder ſie beſitzt auſſer den
logi-

logiſchen Vollkommenheiten die Schönheiten der Erkentniß §. 22. 23. Jene iſt eine blos gelehrte Erkentniß (cognitio mere erudita), und dieſe eine Erkentniß, die ſchön und gelehrt zu gleicher Zeit iſt (cognitio aeſthetico-logica). Die letzte iſt vollkommener als die erſte, und die erſte muß nicht allein geſucht werden.

§. 25. Je mehr wir erkennen, deſto vollkommener iſt unſere Erkentniß §. 22. Die erſte Vollkommenheit der gelehrten Erkentniß beſtehet alſo in ihrer Weitläuftigkeit (vaſtitas, vbertas cognitionis eruditae), welche einer Erkentniß zugeſchrieben wird, in ſo ferne ſie uns viele Gegenſtände vorſtelt.

§. 26. Je gröſſer und wichtiger unſere Erkentniß iſt, deſto vollkommener iſt ſie, weil eine groſſe Sache vieles in ſich begreift §. 22. Die andere Vollkommenheit der gelehrten Erkentniß beſtehet demnach in ihrer Gröſſe und Wichtigkeit (dignitas, magnitudo et maieſtas cognitionis eruditae), welche einer Erkentniß zukomt, in ſo ferne ſie groß und wichtig iſt. Z. E. die Erkentniß GOttes iſt wichtiger, als die Erkentniß von den Kleidern der Römer.

§. 27. Weil eine falſche Erkentniß gar keine Erkentniß iſt, ſo iſt die Wahrheit der Erkentniß (veritas cognitionis eruditae) die dritte Vollkommenheit derſelben. Dieſelbe kan die Grundvollkommenheit der Erkentniß genennet werden, weil ohne ſie die Erkentniß gar keine Erkentniß, und alſo auch keiner Vollkommenheit fähig iſt.

§. 28. Da wir uns in einer deutlichen Vorſtellung mehr vorſtellen als in einer undeutlichen §. 14, ſo iſt die Deutlichkeit der gelehrten Erkentniß die vierte Vollkommenheit derſelben §: 25.

§. 29. Das Bewußtſeyn der Wahrheit einer Erkentniß iſt ihre Gewißheit (certitudo ſubiectiue ſpectata). Da nun ſo wol die Wahrheit der Erkentniß, als auch das Bewußtſeyn derſelben eine Vollkommenheit iſt §. 13. 17, ſo iſt die Gewißheit der gelehrten Erkentniß die fünfte Vollkommenheit derſelben.

§. 30.

§. 30. Eine gelehrte Erkentniß ist practisch, in so ferne sie zu der Einrichtung unserer freyen Handlungen das ihrige beyträgt (cognitio erudita practica), und darin bestehet die sechste Vollkommenheit derselben* §. 22. ●

§. 31. Je weitläuftiger, wichtiger, richtiger, deutlicher, gewisser und practischer eine gelehrte Erkentniß ist, desto vollkommener ist sie §. 25=30. Da nun ein jeder vernünftiger Mensch allerwegen nach der grösten Vollkommenheit, die ihm möglich ist, streben muß; so muß er, wenn er eine gelehrte Erkentniß zu erlangen trachtet, 1) alle logische Vollkommenheiten derselben zu erreichen suchen, 2) eine jede derselben in dem möglichsten Grade, und ausserdem noch 3) die Schönheiten der Erkentniß §. 22.

§. 32. Wer demnach die allervollkommenste gelehrte Erkentniß erlangen will, der muß nicht mit einer blos gelehrten Erkentniß zufrieden seyn §. 24. 31. Sondern ob gleich, nicht alle seine gelehrten Vorstellungen, zu gleicher Zeit schön seyn können: so muß doch seine gelehrte Erkentniß, im Ganzen betrachtet, zugleich eine schöne Erkentniß seyn, wenn sie anders in einem so hohen Grade verbessert werden soll, als möglich ist. ●

§. 33. Eine gelehrte Erkentniß kan 1) logisch vollkommen und unvollkommen zugleich seyn. Z. E. eine richtige, deutliche und gewisse Erkentniß kan den Fehler haben, daß sie nicht practisch ist; 2) in einem höhern Grade logisch vollkommen als unvollkommen, oder mehr unvollkommen als vollkommen seyn; 3) logisch vollkommen und schön oder häßlich zu gleicher Zeit seyn; 4) logisch vollkommen und weder schön noch häßlich; 5) logisch unvollkommen und zu gleicher Zeit schön oder häßlich §. 22. 23.

§. 34. Wer eine gelehrte Erkentniß erlangen will, die zugleich schön ist §. 32, der muß 1) dieselbe nicht auf die Art und in dem Grade logisch vollkommen machen, daß dadurch alle Schönheit derselben verhindert werde; 2) er muß sie nicht dergestalt und in dem Grade verschönern, daß dadurch die erforderte logische Vollkommenheit derselben unmög-

möglich gemacht werde; 3) er muß die logiſchen Vollkommenheiten vornemlich zu erhalten ſuchen, und er muß die
Schönheiten nur ſparſamer, als eine Verzierung, an-
bringen.

§. 35. Wenn einige Vollkommenheiten in der gelehrten Erkenntniß nicht zugleich erlangt werden können, ſo
muß man die kleinern und unnöthigern Vollkommenheiten
fahren laſſen, um die gröſſern und nöthigern zu erhalten.
Man muß demnach in einer gelehrten Erkenntniß, die nicht
blos gelehrt werden ſoll, oft von der logiſchen Strenge in
Kleinigkeiten nachlaſſen, um die gröſſere Schönheit der
Erkenntniß zu erlangen.

§. 36. Die Unvollkommenheiten der gelehrten Erkenntniß ſind entweder Mängel oder Fehler. Ein Mangel der gelehrten Erkenntniß (defectus cognitionis eruditae) entſtehet daher, wenn gewiſſe Regeln ihrer Vollkommenheit nicht beobachtet und auch nicht übertreten werden. Z. E. wenn ein Hauptbegrif gar nicht erklärt wird,
ſo werden die Regeln der Erklärungen weder beobachtet
noch übertreten. Ein Fehler der gelehrten Erkenntniß
(vitium cognitionis eruditae) entſtehet daher, wenn die Regeln ihrer Vollkommenheit übertreten werden. Z. E. wenn
man einen Begrif falſch erkläret. Ob man gleich alle Mängel und Fehler vermeiden muß, ſo muß man ſich doch mehr
vor den letztern hüten; weil man ſagen kan, daß ein jeder
Fehler mit einem Mangel verknüpft iſt, und ein Fehler iſt
demnach eine gröſſere Unvollkommenheit als ein bloſſer
Mangel.

§. 37. Die gemeine und hiſtoriſche Erkenntniß kan
viel vollkommener ſeyn, als die blos gelehrte, wenn ſie
nemlich ſehr ſchön iſt §. 22. 23. Z. E. ein ungelehrter Ge-
neral und Miniſter kan eine viel vollkommenere Erkenntniß
beſitzen, als ein gelehrter und pedantiſcher Bücherwurm.
Dieſer Vorzug komt der gemeinen Erkenntniß nur zufälliger
Weiſe zu, wenn die gelehrte Erkenntniß nicht ſo vollkom-
kommen iſt, als ſie ſeyn könte und ſolte.

§. 38.

§. 38. Die gelehrte Erkentniß ist allemal nothwendiger Weise vollkommener als die gemeine, wenn sie in den
übrigen Stücken einander gleich sind §. 18. 21.

§. 39. Obgleich die gemeine Erkentniß sehr nützlich, und in unendlich vielen Fällen zureichend ist, unsere
Wohlfahrt zu befördern, ja obgleich manche gemeine Erkentniß zufälliger Weise nützlicher seyn kan, als manche
gelehrte: so ist doch die gelehrte notwendiger Weise nützlicher als die gemeine, wenn sie in den übrigen Stücken einander gleich sind. Denn 1) da sie vollkommener ist §. 38,
so verbessert sie auch die Erkentnißkraft in einem höhern
Grade als die gemeine; 2) um eben der Ursach willen
schaft sie ein grösseres Vergnügen, als die gemeine; 3) sie
ist dem Character der Menschheit gemässer und anständiger
als die gemeine; 4) sie befördert die Erfindung neuer
Wahrheiten mehr als die gemeine; und 5) kan sie viel geschickter und besser angewendet und ausgeübet werden, als
die gemeine Erkentniß.

§. 40. Eine gelehrte Erkentniß, welche zugleich
schön ist, verschaft alle Nutzen der gelehrten §. 39, und alle
Nutzen der schönen Erkentniß. Und da sie zugleich allen
Schaden der blos gelehrten und der blos schönen Erkent-
niß verhütet; so ist sie, unter allen Arten der menschlichen
Erkentniß, die nützlichste und brauchbarste
Erkentniß.

B Der

Der andere Abſchnitt,
von der Weitläuftigkeit der gelehrten Erkentniß.
Inhalt.

§. 41.

Die Unvollkommenheit der gelehrten Erkentniß, welche der Weitläuftigkeit derſelben entgegengeſetzt iſt §. 25, iſt die Armſeligkeit der gelehrten Erkentniß (anguſtia eruditae cognitionis), und es entſteht dieſelbe allemal aus der Unwiſſenheit (ignorantia), oder aus dem gänzlichen Mangel der Erkentniß der Dinge und ihrer Gründe. In dem Maaſſe, als die Weitläuftigkeit der gelehrten Erkentniß eines Menſchen zunimt, nimt ſeine Unwiſſenheit ab, und je gröſſer die Unwiſſenheit eines Menſchen iſt, deſto armſeliger iſt ſeine gelehrte Erkentniß.

§. 42. Der Weitläuftigkeit der gelehrten Erkentniß iſt eine doppelte Unwiſſenheit entgegengeſetzt: 1) eine gänzliche Unwiſſenheit (ignorantia totalis), wenn wir nicht einmal eine hiſtoriſche Erkentniß von einer Sache haben; und 2) eine Unwiſſenheit der Gründe der Dinge (ignorantia rationum), bey welcher eine vortrefliche hiſtoriſche Erkentniß derſelben noch ſtat finden kan.

§. 43. Die Unwiſſenheit eines Menſchen iſt 1) eine ſchlechterdings nothwendige und unvermeidliche Unwiſſenheit (ignorantia abſolute neceſſaria et invincibilis), welche er um der Schranken ſeiner Erkentnißkraft willen nicht

nicht vermeiden kan; und 2) eine freywillige (ignorantia arbitraria et vincibilis), deren entgegengesetzte Erkentniß er erlangen könte, wenn er wolte.

§. 44. Der Inbegrif aller derjenigen Dinge, welche ein Mensch, ohne Nachtheil seiner übrigen gesamten Vollkommenheit, auf eine gelehrte Art erkennen kan, ist der Horizont, oder der Gesichtecreyß seiner gelehrten Erkentniß (horizon seu sphaera cognitionis eruditae). Es werden also von demselben alle Dinge ausgeschlossen, in deren Absicht ein Mensch nothwendiger oder freywilliger Weise unwissend bleiben muß §. 43.

§. 45. Eine Sache ist über den Horizont der menschlichen gelehrten Erkentniß erhöhet (res supra horizontem eruditae cognitionis humanae posita), wenn die Unwissenheit derselben in einem Menschen schlechterdings nothwendig ist, ob sie gleich einer gelehrten Erkentniß nicht unwürdig ist. Der menschliche Verstand ist zu schwach, als daß er diese wichtigen Sachen solte gelehrt zu erkennen im Stande seyn. Ob man nun gleich solche Sachen nicht verachten muß, die über unsern Horizont gehen, und ob man gleich ohne hinreichenden Grund nichts für eine Sache ausgeben muß, die über den Horizont unserer Erkentniß erhöhet ist; so muß man doch das vergebliche und schädliche Bestreben nach einer gelehrten Erkentniß solcher Sachen, die über unsern Horizont gehen, aufs möglichste zu vermeiden suchen.

§. 46. Eine Sache ist unter den Horizont der menschlichen gelehrten Erkentniß erniedriget (res infra horizontem eruditae cognitionis humanae posita), welche von einem Menschen zwar gelehrt erkant werden könte, die aber nicht groß genug ist, um einer solchen Erkentniß werth zu seyn. Gleichwie man nun nicht ohne genugsamen Grund eine Sache für etwas ausgeben muß, welche unter den Horizont der menschlichen gelehrten Erkentniß erniedriget ist, also muß man sich auch nicht bemühen, solche Dinge gelehrt zu erkennen, welche würklich unter den Horizont der menschlichen gelehrten Erkentniß erniedriget sind. Widrigen-

fals

fals macht und man ſich lächerlich und verächtlich, und man
verſäumt darüber die gelehrte Erkentniß wichtigerer und nö-
thigerer Sachen.

§. 47. Eine Sache iſt auſſer dem Horizonte der
gelehrten menſchlichen Erkentniß (res extra horizontem
cognitionis humanae eruditae poſita), welche zwar von einem Menſchen auf eine gelehrte Art erkant werden könte,
welche auch einer menſchlichen gelehrten Erkentniß nicht unwürdig iſt, deren gelehrte Erkentniß aber einen Menſchen
an ſeinen übrigen nöthigen Beſchäftigungen verhindern
würde. Niemand muß ohne genugſamen Grund eine Sache für etwas ausgeben, welches auſſer dem Horizonte ſeiner
gelehrten Erkentniß angetroffen wird; es muß aber auch
niemand nach einer gelehrten Erkentniß ſolcher Sachen ſtre-
ben, die auſſer dem Horizonte ſeiner gelehrten Erkentniß
befindlich ſind, weil er ſich widrigenfals in fremde Händel
miſchen, und darüber ſein Werk verſäumen würde.

§. 48. Alle diejenigen Sachen, welche weder über den
Horizont der menſchlichen gelehrten Erkentniß erhöhet ſind,
noch unter denſelben erniedriget ſind, noch auſſer demſelben
angetroffen werden, ſind innerhalb dem Umfange des
Horizonts der menſchlichen gelehrten Erkentniß befindlich (res intra horizontem cognitionis humanae eruditae poſita), und machen den gelehrten Horizont aus §. 44.

§. 49. Die allerweitläuftigſte gelehrte Erkentniß eines Menſchen beſteht in der gelehrten Erkentniß aller Dinge, die innerhalb dem Umfange ſeines Horizonts befindlich
ſind §. 48. 25. Da nun ein ieder Gelehrter die weit-
läuftigſte gelehrte Erkentniß, die ihm möglich iſt, erlangen
muß; ſo muß er die Grenzen und den Umfang ſeines Horizonts ſo genau auszumeſſen ſuchen, als es die Schwach-
heit der Menſchen erlaubt §. 44.

§. 50. Und wenn ein Menſch auch die allerweitläuftigſte gelehrte Erkentniß erlangt haben ſolte, ſo bleibt doch
noch viele nothwendige Unwiſſenheit übrig, die ihm weder
zur Ehre noch zur Schande gereicht §. 43. Was aber die

frenwillige Unwissenheit betrift, so ist sie entweder lobenswürdig oder tadelnswürdig. Die lobenswürdige Unwissenheit (ignorantia laudabilis), ist die Unwissenheit solcher Dinge, die unter und ausser dem Horizonte der gelehrten Erkentniß angetroffen werden §. 46. 47.

§. 51. Die tadelnswürdige Unwissenheit (ignorantia illaudabilis), ist die Unwissenheit solcher Dinge, die
innerhalb dem Horizonte der gelehrten Erkentniß angetroffen werden §. 48. Wer also die allerweitläuftigste gelehrte Erkentniß erlangen will, der muß alle tadelnswürdige
Unwissenheit, und sonst keine andere Unwissenheit zu vermeiden suchen §. 49.

§. 52. Es ist eine lächerliche Thorheit mancher armseligen Köpfe unter den Gelehrten, wenn sie sich ihre tadelnswürdige Unwissenheit als ein Verdienst anrechnen, und mit
dem Socrates, der eine sehr weitläuftige Gelehrsamkeit besaß, von sich vorgeben: daß sie nichts wissen, ausser daß sie
nichts wissen.

*§. 53. Je mehr Sachen jemand auf eine gelehrte
Art erkennet, desto weitläuftiger ist seine gelehrte Erkentniß.
Ein höherer oder merklicher, und folglich seltener Grad der
Weitläuftigkeit der gelehrten Erkentniß, wird die Vielwisserey (polyhistoria) genennet. Es ist dieselbe unleugbar
eine grosse Vollkommenheit der gelehrten Erkentniß, wenn
man nur durch den Geiz nach der Polyhistorie nicht verleitet wird, 1) die Schranken seines gelehrten Horizonts zu
überschreiten, und 2) die übrigen Vollkommenheiten der gelehrten Erkentniß gar zu merklich zu verabsäumen.

§. 54. Wer seine gelehrte Erkentniß weitläuftig genung machen will, der muß 1) viele Haupttheile der Gelehrsamkeit lernen. Z. E. die Weltweisheit, Gottesgelahrheit,
Historie, Philologie u. s. w. 2) Aus einem jedweden Haupttheile viele Theile, z. E. aus der Weltweisheit die Vernunftlehre, Metaphysic, Physic, Recht der Natur u. s. w. 3) Einen ieden dieser Theile muß er wiederum weitläuftig lernen, z. E. die Vernunftlehre, und 4) von einer ieden ein

zeln

geln Wahrheit muß er wiederum eine weitläuftige gelehrte Erkentniß zu erlangen ſuchen, z. E. von der Allwiſſenheit GOttes.

§. 55. Eine weitläuftige gelehrte Erkentniß iſt ausführlich und vollſtändig (completa cognitio erudita), wenn ſie zu ihren Abſichten zureicht, oder wenn wir ſo viel gelehrt erkennen, als die ganze Abſicht unſerer gelehrten Erkentniß erfodert. Die Weitläuftigkeit ohne Ausführlichkeit iſt nicht vollkommen genung, und man muß demnach die vornehmſten Wahrheiten von den Nebenſachen in einem iedweden Gegenſtande der gelehrten Erkentniß unterſcheiden lernen, damit man durch die gelehrte Erkentniß der erſtern eine vollſtändige Gelehrſamkeit erlange.

§. 56. Wer blos auf eine cavaliermäßige Art ſtudiert; indem er blos einen weitläuftigen Entwurf aller Theile der Gelehrſamkeit flüchtig durchläuft, einige wenige Theile der Gelehrſamkeit zwar etwas weitläuftiger, aber doch ganz kurz durchgeht, und etwa hie und da einige beſondere Materien unterſucht, weil ſie ihm irgends um einer Urſach willen vorzüglich gefallen: deſſen gelehrte Erkentniß iſt ein ſchlechtes Gerippe der Gelehrſamkeit, und verdient eine ſehr geringe Achtung §. 55.

§. 57. Weil es unmöglich iſt, daß ein Menſch eine ausführlich weitläuftige gelehrte Erkentniß mit einem male erlange: ſo muß man beſtändig die gelehrte Erkentniß zu erweitern ſuchen; damit man in derſelben nicht rückwärts gehe, indem man weiter vorwärts zu gehen unterläßt.

§. 58. Weil, durch die Erweiterung der gelehrten Erkentniß, die Erkentnißkräfte zu gleicher Zeit fähiger gemacht werden: ſo hat man nicht zu beſorgen, daß man durch die beſtändige Erweiterung der gelehrten Erkentniß ſeinen Kopf überladen werde, wenn man nur bey dieſer Beſchäftigung die Grenzen des gelehrten Horizonts nicht überſchreitet.

§. 59. Ob gleich die Kunſt lang und das menſchliche Leben kurz iſt, ſo muß uns dieſe Betrachtung vielmehr anreizen, mit der gehörigen Eilfertigkeit ſo viel zu erlernen als mög-

möglich ist, als daß sie uns eine Zaghaftigkeit und Muth-
losigkeit einflössen solte, die uns an der Erweiterung der
gelehrten Erkentniß verhindert.

§. 60. Damit man die Erweiterung der gelehrten
Erkentniß nicht für unnöthig und unnütz ansehe, muß man
sich keinen zu kleinen, geringen und niederträchtigen Zweck
vorsetzen, den man durch seine gelehrte Erkentniß zu erret-
chen trachtet.

§. 61. Da es natürlich nothwendig ist, daß wir Menschen vieles vergessen; so muß man eben deswegen die gelehrte
Erkentniß sehr erweitern, damit man viel vergessen und
dem ohnerachtet noch viel behalten könne. Die Wahrheiten, die wir vergessen, sind ohnedem nicht ganz unnütz gewesen, weil sie den Stab unserer Erkentnißkräfte
vermehrt haben.

§. 62. Die Weitläuftigkeit der gelehrten Erkentniß entsteht aus einer doppelten Quelle, welche beyde
beysammen seyn müssen: 1) aus der Weitläuftigkeit
und dem reichen Inhalte des Gegenstandes, wenn derselbe vieles in sich enthält, so von einem Menschen auf
eine gelehrte Art erkant werden kan (vastitas obiecti-
va); und 2) aus der Ausdehnung der Erkentnis-
kräfte (vastitas subiectiua), vermöge welcher man im
Stande ist, viel auf eine gelehrte Art von einer Sache zu erkennen.

§. 63. Weil es unmöglich ist, daß ein Mensch
alle Theile der Gelehrsamkeit in einem gleichen Grade
der Vollkommenheit erlerne; so muß sich ein ieder einen derselben aussuchen, mit welchem er sich am meisten beschäftiget, und von welchem er die vollkommenste gelehrte Erkentniß zu erlangen trachtet. Derselbe
ist seine Hauptwissenschaft (scientia eruditi principa-
lis). Ein ieder muß sich zu seiner Hauptwissenschaft
denjenigen Theil der Gelehrsamkeit erwählen, 1) welcher

von

von den Menſchen in einem ſehr hohen Grade der Voll
kommenheit erfant werden kan, und 2) zu welchem er die
meiſte Geſchicklichkeit, vernünftige Luſt, und andere Be
förderungsmittel beſitzt.

§. 64. Ein leder muß 1) ſeine Hauptwiſſen
ſchaft am weitläuftigſten und ausführlichſten lernen, und
2) alle andere Theile der Gelehrſamkeit in Beziehung
auf ſeine Hauptwiſſenſchaft unterſuchen. Je näher ein
anderer Theil der Gelehrſamkeit mit der Hauptwiſſen
ſchaft verbunden iſt, deſto vollkommener und weitläufti
ger muß man denſelben gelehrt zu erkennen ſuchen
§. 63.

§. 65. Die Armſeligkeit der gelehrten Erkentniß
verurſacht unter andern einen dreyfachen Schaden: 1)
Die gelehrte Pedanterey und Charlatanerie (pedan-
tiſinus et charlataneria eruditorum), vermöge welcher
man das wenige, was man verſteht, gar zu hoch ſchätzt,
und alles übrige ganz verachtet; 2) eine lächerliche Ein
bildung und einen eiteln Hochmuth; und 3) wenige Gelehr
ſamkeit kan einen Menſchen Zeitlebens unglücklich ma
chen, indem er juſt in ſolche Umſtände gerathen kan,
in welchen dasjenige, was er gelernt hat, nicht von ihm
verlanget wird, und dasjenige, was er nicht gelernt
hat, von ihm erwartet wird.

Der.

Der dritte Abschnitt,
von der Grösse der gelehrten Erkentniß.
Inhalt.

§. 66.

Die Grösse der gelehrten Erkentniß erfordert nicht nur einen grossen Gegenstand, sondern die Erkentniß muß auch für den Gegenstand groß genung seyn §. 26. Je grösser der Gegenstand, und ie proportionirter die Erkentniß ist, desto grösser ist die gelehrte Erkentniß.

§. 67. Der Gegenstand der gelehrten Erkentniß ist vor sich betrachtet groß (magnitudo eruditae cognitionis obiectiua absoluta), wenn er viel Mannigfaltiges in sich enthält, welches auf eine gelehrte Art erkant zu werden verdient. Zum Exempel: GOtt, die Weltweisheit, die Historie u. s. w.

§. 68. Der Gegenstand der gelehrten Erkentniß ist in Absicht auf seine Folgen groß (magnitudo eruditae cognitionis obiectiua respectiua), 1) wenn er wichtig ist (res digna, grauis), das ist, wenn er grosse Folgen hat, z. E. wenn auf ihm die Glückseligkeit der Menschen, das Wohl des Vaterlandes u. s. w. beruhet; 2) wenn er fruchtbar ist (res foecunda), das ist, wenn viele Folgen aus ihm herfliessen. Z. E. die Gottseligkeit, denn sie ist zu allen Dingen nütze.

§. 69. Wer seine gelehrte Erkentniß recht groß machen will, der muß lauter schlechterdings grosse, wichtige

und fruchtbare Sachen zu erkennen ſuchen. Je mehr der
Gegenſtand in ſich enthält, ie gröſſer ſeine Folgen ſind,
und ie mehr Folgen er hat, deſto gröſſer, wichtiger und
fruchtbarer iſt er; und deſto gröſſer, wichtiger und fruchtbarer iſt die gelehrte Erkentniß deſſelben, in ſo ferne man
ſie nemlich in Abſicht auf ihren Gegenſtand betrachtet.

§. 70.   Die Gröſſe der gelehrten Erkentniß,
welche ihr ſelbſt zukomt (magnitudo cognitionis eruditae ſubiectiua), beſteht darin, wenn ſie der Gröſſe ihres
Gegenſtandes proportionirt iſt §. 66.   Je gröſſer der Gegenſtand iſt, deſto weitläuftiger, richtiger, deutlicher, gewiſſer und practiſcher muß die gelehrte Erkentniß deſſelben
ſeyn, und deſto mehr Zeit und Fleiß muß auf die Erlangung derſelben gewendet werden.   Je weniger groß der
Gegenſtand iſt, deſto weniger vollkommen muß die gelehrte Erkentniß ſeyn, und deſto weniger Zeit und Fleiß muß
auf die Erlangung derſelben gewendet werden.

§. 71.   Die Unvollkommenheit der gelehrten Erkentniß, welche ihrer Gröſſe entgegengeſetzt iſt, wird die
Kleinigkeit derſelben genennet (paruitas, vilitas cognitionis eruditae); und ſie entſteht entweder aus der Kleinigkeit des Gegenſtandes, oder daher, wenn die gelehrte
Erkentniß dem Gegenſtande nicht proportionirt iſt §. 66.

§. 72.   Der Gegenſtand der gelehrten Erkentniß
iſt, vor ſich betrachtet, klein (paruitas cognitionis eruditae obiectiua abſoluta), wenn er wenig in ſich enthält,
welches auf eine gelehrte Art erkant zu werden verdient.
Z. E. die Haarnadeln des römiſchen Frauenzimmers.

§. 73.   Der Gegenſtand der gelehrten Erkentniß iſt,
in Abſicht auf ſeine Folgen, klein (paruitas cognitionis eruditae obiectiua reſpectiua), 1) wenn er nicht wichtig iſt (res leuior), das iſt, wenn er keine groſſen Folgen hat, z. E. die Lehre von der Zuſammenſetzung der Körper aus Monaden; 2) wenn er unfruchtbar iſt (res in-
foecunda, ſterilis), das iſt, wenn er nicht viele Folgen
hat, z. E. die Lehre von der Unſterblichkeit der Seele.

§. 74.

§. 74. Wenn eine Sache in allen Absichten klein ist §. 72. 73, so ist sie keiner gelehrten Erkentniß werth: denn sie ist unter dem Horizont derselben ernietriget §. 46. Je weniger eine Sache in sich enthält, ie wenigere und kleinere Folgen sie hat, desto kleiner ist sie. Zu diesen Kleinigkeiten muß man auch die pöbelhaften und niederträchtigen Dinge rechnen (res plebeiae, abiectae), deren gelehrte Untersuchung den ehrbaren Sitten so gar zuwider seyn würde, z. E. die Ausbrüche der Laster unter dem Pöbel.

§. 75. Die Kleinigkeit der gelehrten Erkentniß, welche ihr selbst zukomt (paruitas cognitionis eruditae subiectiua), bestehet darin, wenn sie den Gegenständen nicht proportionirt ist §. 71. Folglich 1) wenn man eine vollkommenere gelehrte Erkentniß mit mehrerer Mühe sucht, und mehr Zeit darauf wendet, als der Gegenstand verdient; und 2) wenn man einen Gegenstand nicht so vollkommen erkennet, nicht mit so vieler Mühe untersucht, und nicht so viel Zeit darauf wendet, als er verdient. Z. E. wer die Irrthümer gelehrter und fleissiger bestürmt, als die Laster, dessen gelehrte Erkentniß ist nicht proportionirt genung.

§. 76. Wer seine gelehrte Erkentniß recht vollkommen machen will, der muß 1) wenn es ihm möglich ist, zu seiner Hauptwissenschaft den gröſten §. 67. 68. Theil der Gelehrsamkeit erwählen §. 63; 2) ie grösser ein Theil der Gelehrsamkeit ist, desto mehr Mühe und Fleiß muß er auf denselben wenden, und desto vollkommener muß die gelehrte Erkentniß desselben seyn; 3) ie grösser die Wahrheiten sind, desto mehr Mühe und Zeit muß er auf dieselbe wenden, und desto vollkommener muß seine gelehrte Erkentniß derselben seyn.

§. 77. Wer keine reife und männliche Beurtheilungskraft besitzt, der kan unmöglich von dem wahren Werthe der Dinge urtheilen, und es ist ihm also unmöglich, die Grösse der gelehrten Erkentniß zu erreichen.

§. 78.

§. 78. Weil alle Gegenſtände der gelehrten Er⸗
kentniß in einer allgemeinen Verbindung ſtehen, ſo ſind ſie
alle unendlich groß, wichtig und fruchtbar §. 67. 68. Ein
Gegenſtand wird alſo nur eine Kleinigkeit in Beziehung
auf uns genant, weil es uns unmöglich iſt, ſeine Gröſſe,
Wichtigkeit und Fruchtbarkeit gelehrt zu erkennen.

§. 79. Gleichwie eine gelehrte Erkentniß ſamt ih⸗
rem Gegenſtande nicht deswegen für groß zu achten iſt,
weil dieſer oder jener kleiner Geiſt ein groſſes Aufheben von
derſelben macht; alſo muß man ſie auch nicht für klein hal⸗
ten, weil ſie von eben demſelben für eine geringſchäßige
Sache ausgegeben wird.

§. 80. Eine gelehrte Erkentniß iſt deswegen keine
geringſchäßige und unfruchtbare Kleinigkeit, weil dieſer
oder jener trockener und unfruchtbarer Kopf nicht vermö⸗
gend iſt, aus derſelben viele und wichtige Folgen herzulei⸗
ten. Der Pflanze iſt die Unfruchtbarkeit des Erdbodens
nicht zuzurechnen.

§. 81. Die Anwendung einer groſſen gelehrten Er⸗
kentniß auf kleine, lächerliche, pöbelhafte und verächtliche
Fälle, kan dieſelbe zwar zufälliger Weiſe lächerlich, ver⸗
ächtlich und pöbelhaft machen; allein ſie muß deswegen
nicht zu den geringſchäßigen Kleinigkeiten gerechnet werden.

§. 82. Wenn die groſſen Gegenſtände der gelehr⸗
ten Erkentniß, auf eine verachtenswürdige und lächerliche
Art, von dieſem oder jenem vorgeſtelt und vorgetragen
werden; ſo müſſen ſie deswegen nicht zu den verachtungs⸗
würdigen Kleinigkeiten gerechnet werden.

§. 83. Ein Gelehrter muß nicht durch ſeine eigene
Schuld, durch die elende Anwendung, und durch lächerli⸗
che Vorſtellungen und Ausdrücke, die gelehrte Erkentniß
lächerlich und verächtlich machen §. 81. 82.

§. 84. Wenn eine gelehrte Erkentniß in unſern
dermaligen Umſtänden nicht wichtig und fruchtbar ſeyn ſol⸗
te, weil wir ihre Folgen noch nicht einſehen; ſo kan ſie
doch künftig wichtig und fruchtbar werden, und ſie iſt alſo
des⸗

deswegen keine Kleinigkeit. Wir müssen auch für unsere Nachkommen Bäume pflanzen, deren Früchte, wir nicht geniessen.

§. 85. Man beschimpft sich selbst, wenn man die abstracte Erkentniß, die Subtilitäten und die tiefsinnigen Unterscheidungen nicht für grosse und wichtige Sachen hält, weil sie viel mühsames Nachdenken erfordern.

§. 86. Die Zwischenwahrheiten in einem weitläuftigen Lehrgebäude haben zwar an sich nicht viel zu bedeuten; allein weil man ohne denenselben die Hauptwahrheiten nicht recht gelehrt erkennen kan, so sind sie dennoch grosse und würdige Gegenstände unserer gelehrten Erkentniß.

§. 87. Eine gelehrte Untersuchung ist deswegen nicht wichtig, weil sie viel Mühe, Fleiß und Zeit erfordert, und weil sie nicht ohne grosse Gelehrsamkeit angestelt werden kan: denn es giebt auch sehr schwere Possen.

§. 88. Ein Theil der Gelehrsamkeit ist deswegen nicht unter die Kleinigkeiten zu rechnen, weil er mit vielen Kleinigkeiten angefült ist.

§. 89. Eine gelehrte Erkentniß, welche in einer Absicht nicht groß ist, die kan in einer andern Absicht groß seyn, und sie muß also nicht für eine Kleinigkeit gehalten werden §. 67. 68. Z. E. eine Erkentniß kan nicht wichtig, aber doch fruchtbar seyn.

§. 90. Weil verschiedene Gelehrte verschiedene Hauptwissenschaften sich erwählt haben können §. 63, so kan eine gelehrte Untersuchung in Absicht auf den einen groß, und in Absicht auf den andern klein seyn.

§. 91. Ein grosser Geist besitzt die Fertigkeit, nur eine grosse gelehrte Erkentniß zu haben. Seine Neigung zu derselben und sein Abscheu vor allen Kleinigkeiten nöthigen ihn, allemal erst die Grösse der Sache zu untersuchen, ehe er sich bemüht, dieselbe auf eine gelehrte Art zu erkennen, damit er wisse, ob sie einer gelehrten Erkentniß, und welches Grades der Vollkommenheit derselben sie werth sey.

Der

Der vierte Abschnitt,
von der Wahrheit der gelehrten Erkentniß.
Inhalt.

§. 92.

Eine falsche oder unrichtige Erkentniß (cognitio falsa), ist eine Erkentniß, welche keine Erkentniß ist, und
doch eine Erkentniß zu seyn scheint. Eine falsche gelehrte Erkentniß (cognitio erudita falsa), scheint nur eine
gelehrte Erkentniß zu seyn, und sie ist entweder gar keine
Erkentniß, oder doch wenigstens keine gelehrte Erkentniß.
Z. E. diejenigen, welche die wachsthümliche Seele der
Pflanzen annehmen, und den Wachsthum der Pflanzen
aus derselben herleiten, haben eine falsche gelehrte Erkentniß.

§. 93. Eine wahre oder richtige Erkentniß (cognitio vera), scheint nicht nur eine Erkentniß zu seyn, sondern sie ist es auch in der That. Eine wahre gelehrte
Erkentniß (cognitio erudita vera), scheint nicht nur eine
gelehrte Erkentniß zu seyn, sondern sie verdient auch diesen
Namen in der That. Z. E. wer die Würklichkeit GOttes aus der Zufälligkeit dieser Welt überzeugend darthut,
hat eine wahre gelehrte Erkentniß.

§. 94. Die Kennzeichen der Richtigkeit und
Unrichtigkeit der Erkentniß (criteria veritatis et falsitatis cognitionis), sind die Gründe, aus denen erkant werden kan, daß eine Erkentniß wahr, oder daß sie falsch sey.
Und sie sind entweder in der Erkentniß selbst vorhanden,
oder nicht. Jene sind die innerlichen, und diese die äus-
serlichen Kennzeichen der Richtigkeit und Unrichtigkeit

keit (criteria interna et externa veritatis et falsitatis cognitionis).

§. 95. Das erste innerliche Kennzeichen der Wahrheit einer Erkentniß besteht in der innern Möglichkeit derselben (possibilitas cognitionis interna), in so ferne sie etwas mögliches vorstelt, und nichts enthält, welches einander zuwider ist, und wenn man sie auch ganz allein betrachtet. Die innerliche Unmöglichkeit der Erkentniß (impossibilitas cognitionis interna), wenn sie nichts vorstelt, und wenn das Mannigfaltige in ihr wider einander streitet, ist also das erste innerliche Kennzeichen, daß sie falsch ist §. 94. 93. 92.

§. 96. Das andere innerliche Kennzeichen der Wahrheit einer Erkentniß besteht darin, wenn sie in einem Zusammenhange möglich ist (possibilitas cognitionis hypothetica). Folglich 1) wenn sie eine Folge richtiger Gründe, und 2) ein Grund richtiger Folgen ist, §. 94. 93. Es ist demnach eine Erkentniß wahr, wenn sie nicht unmöglich ist, und dem Satze des zureichenden Grundes gemäs ist §. 16.

§. 97. Eine Erkentniß ist falsch, wenn sie im Zusammenhange unmöglich ist (impossibilitas in nexu); folglich wenn sie keine oder falsche Gründe, und keine oder falsche Folgen hat §. 96. Und dieses ist das andere innerliche Kennzeichen ihrer Unrichtigkeit §. 94.

§. 98. Wir müssen nicht annehmen: 1) daß eine Erkentniß wahr sey, weil wir keine innerliche Unmöglichkeit in ihr gewahr werden; 2) daß sie falsch sey, weil wir keine innerliche Möglichkeit in derselben gewahr werden; 3) daß eine Erkentniß wahr sey, deren Ungrund und falsche Gründe und Folgen wir nicht gewahr werden; 4) daß eine Erkentniß falsch sey, von der wir keine richtigen Gründe und Folgen erkennen. Denn wir Menschen sind nicht allwissend.

§. 99. Wenn wir uns eine Sache anders vorstellen als sie ist, so glauben wir sie zu erkennen, und erkennen sie
doch

doch nicht.   Es iſt demnach unſere Erkentniß falſch §. 92.
Ueberdis haben alle mögliche Dinge eine innerliche Möglichkeit, Gründe und Folgen §. 15. 16.   Es beſteht demnach die logiſche Wahrheit der Erkentniß (veritas
cognitionis logica,) in der Uebereinſtimmung derſelben mit
ihrem Gegenſtande, und die logiſche Unrichtigkeit derſelben (falſitas cognitionis logica) darin, wenn ſie mit ihrem Gegenſtande nicht übereinſtimt §. 95. 96. 97.

§. 100. Wenn eine Erkentniß nichts wahres enthält, ſo iſt ſie ganz falſch (falſitas totalis), und wenn
ſie nichts falſches enthält, ſo iſt ſie ganz wahr (veritas totalis).   Sie kan aber wahr und falſch zugleich, aber in verſchiedener Abſicht, ſeyn (veritas et falſitas partialis). Man
muß demnach eine weitläuftige Erkentniß nicht ganz annehmen, weil vielleicht wol gar das meiſte und wichtigſte
in derſelben wahr iſt; und nicht ganz verwerfen, weil vielleicht wol gar das meiſte und wichtigſte in derſelben
falſch iſt.   Zum Exempel, die Lehrgebäude verſchiedener
Religionen.

§. 101. Je mehrere und mannigfaltigere Stücke eine Erkentniß in ſich enthält, die beyſammen möglich ſind,
ie gröſſer dieſe Stücke ſind, und ie mehrere und gröſſere
richtige Gründe und Folgen ſie hat: deſto richtiger iſt die
Erkentniß §. 95. 96.   Wer alſo ſeine gelehrte Erkentniß
aufs möglichſte verbeſſern will, der muß in ihr den möglichſten Grad der Wahrheit zu erreichen ſuchen.

§. 102. Eine Erkentniß, welche in einem höhern
Grade richtig iſt, wird eine genaue Erkentniß (cognitio exacta, exaſciata) genennet; welche aber in einem kleinern Grade wahr iſt, heißt eine grobe (cognitio craſſa).
Alle grobe Erkentniß muß vermieden werden, und zwar
um ſo viel mehr, ie gröber ſie iſt, oder ie mehreres und
wichtigeres Falſche ſie enthält.   Im Gegentheil muß die
vollkommene gelehrte Erkentniß ſo genau ſeyn als möglich
§. 101, und ie gröſſer die Gegenſtände ſind, deſto genauer
muß man ſie zu erkennen ſuchen §. 70. Je kleiner ſie
                                                          aber

aber sind, desto weniger richtig darf ihre Erkentniß seyn. §. 70.

§. 103. Die gelehrte Erkentniß kan auf eine drey=fache Weise falsch seyn: 1) wenn die Erkentniß der Sa=chen falsch ist, obgleich die Erkentniß der Gründe rich=tig ist; 2) wenn die Erkentniß der Gründe falsch, ob=gleich die Erkentniß der Sachen richtig ist; 3) wenn die Vorstellung des Zusammenhangs zwischen wahren Grün=den und Folgen unrichtig ist §. 100. Eine wahre ge=lehrte. Erkentniß muß also eine richtige Erkentniß der Sachen, der Gründe, und ihres Zusammenhanges, zu gleicher Zeit seyn §. 21.

§. 104. Durch Wahrheiten (veritates) versteht man auch die wahre Erkentniß selbst, und alsdenn sind alle Wahrheiten entweder dogmatische (veritates do=gmaticae), oder historische (veritates historicae). Jene können und müssen aus den innerlichen Kennzeichen der Wahrheit erkant werden, diese aber nur aus den äusser=lichen. Z. E. daß ein GOtt sey, ist eine dogmatische Wahrheit; daß aber David der zweyte König der Israe=liten sey, ist eine historische. Ein Lehrgebäude (syste=ma) ist eine Menge dogmatischer Wahrheiten, welche der=gestalt mit einander verbunden werden, daß sie zusam=mengenommen eine Erkentniß ausmachen, welche man als ein Ganzes betrachten kan.

§. 105. Je mehr Wahrheiten in einem Lehrgebäu=de vorkommen, ie grösser und richtiger dieselben sind, de=sto vollkommener ist dieselbe §. 104. Zu der genauesten Wahrheit eines Lehrgebäudes wird erfodert: 1) daß alle Theile desselben aufs genaueste richtig sind; 2) daß keiner dem andern widerspricht; und 3) daß sie alle verbunden sind, indem ein iedweder entweder ein Grund der übrigen, oder eine Folge, oder beydes zu gleicher Zeit ist §. 95. 96. Weil es keine dogmatische Wahrheit ausser den Lehrgebäuden gibt §. 96. 104, so muß die gelehrte dogmatische Erkentniß sy=stematisch seyn, wenn sie anders vollkommen richtig seyn soll.

C §. 106.

§. 106. Alle Wahrheiten find entweder blos
äfthetifche Wahrheiten (veritates mere aestheticae),
welche blos fchön erfant werden müffen, und mit denen
muß ich die gelehrte Erkentniß niemals befchäftigen; oder
blos gelehrte (veritates mere eruditae), die nur auf eine gelehrte Art erkant werden können, und mit denen allein muß fich die gelehrte Erkentniß nicht befchäftigen, denn
fie würde fonft blos gelehrt feyn §. 32; oder beydes zugleich
(veritates aesthetico-eruditae), und die find der vornehm-
fte Gegenftand einer recht vollkommenen gelehrten Erkentniß.

§. 107. Weil die Wahrheit nicht die einzige Vollkommenheit der gelehrten Erkentniß ift, fo kan ein Gelehrter niemals entfchuldiget werden, wenn er fich blos deswegen mit einer gelehrten Unterfuchung befchäftiget, weil fie
wahr ift. Es ift nicht gut, alle Wahrheiten zu denken
und zu fagen.

§. 108. Ein ieder muß feine Hauptwiffenfchaft am
genaueften §. 102, und im möglichften Grade fyftematifch
§. 105 zu erkennen fuchen §. 63.

§. 109. Der Irrthum (cognitio erronea, error)
befteht darin, wenn wir die falfche Erkentniß für wahr,
und die wahre für falfch halten. Folglich 1) ift eine iede
irrige Erkentniß falfch §. 99; 2) ift nicht eine iede falfche
Erkentniß irrig, wenn wir nemlich erkennen, daß fie falfch
fey §. 99; 3) aus der falfchen Erkentniß entfteht ein Irrthum. Hätten wir gar keine falfche Erkentniß, fo könten
wir auch keine Irrthümer haben. Der Irrthum ift
fchlimmer als die blos falfche Erkentniß, denn er ift ein
verborgenes Gift. Die gelehrte Erkentniß kan alfo, auf
eine dreyfache Weife, irrig feyn §. 103.

§. 110. Wenn wir die Regeln des 98ften Abfatzes
übertreten, fo entfteht der Irrthum §. 109. Die erfte
Quelle aller Irrthümer ift oemnach die Unwiffenheit §. 41,
wenn fich damit die Uebereilung vereinbaret, vermöge welcher
wir dasjenige leugnen, wovon wir keine Erkentniß haben.

§. 111.

§. 111. Der Irrthum ist entweder ein vermeidli-
cher (error vincibilis), oder ein unvermeidlicher (error
invincibilis). Jener entsteht aus einer vermeidlichen, und
dieser aus einer unvermeidlichen Unwissenheit §. 43. Jener ist nur ein tadelnswürdiger Schandfleck der gelehrten
Erkentniß, dieser aber kan und darf nicht vermieden
werden.

§. 112. Je weitläuftiger, wichtiger und fruchtbarer
der Irrthum ist, und ie leichter er hätte verhütet werden
können, desto grösser ist er. Je grösser der Irrthum ist,
desto mehr beschimpft er die gelehrte Erkentniß, und desto
sorgfältiger muß er verhütet werden. Folglich muß ein
ieder sonderlich, die Irrthümer in seiner Hauptwissenschaft,
zu verhüten suchen §. 108.

§. 113. Eine Erkentniß ist offenbar falsch
(cognitio aperte falsa), wenn ihre Unrichtigkeit blos daher entdeckt wird, wenn man sie betrachtet, z. E. ein vier-
eckigtes Dreyeck. Muß man aber, um ihre Unrichtigkeit
zu entdecken, eine weitläuftigere Untersuchung anstellen, so
ist sie versteckter Weise falsch (cognitio cuius falsitas
latet), z. E. die Materie kan denken. Ein Irrthum, durch
welchen eine offenbar falsche Erkentniß für wahr angenommen wird, ist ein abgeschmackter, ungereimter und dummer Irrthum (cognitio absurda, absona). Nicht alle
Irrthümer sind Ungereimtheiten.

§. 114. Alle Wahrheiten sind entweder schlechterdings nothwendige (veritates absolute necessariae),
oder zufällige Wahrheiten (veritates contingentes).
Bey jenen ist es ganz unmöglich, daß sie falsch seyn solten, z. E. es ist ein GOtt. Diese aber könten auch
falsch seyn, z. E. diese Welt ist würklich. Weil der Irrthum bey jenen leichter zu vermeiden ist, so ist er grösser als der Irrthum in den zufälligen Wahrheiten §. 112.

C 2　　　　　Der

Der fünfte Abschnitt,
von der Klarheit der gelehrten Erkentniß.

Inhalt.

§. 115.

Ein Merkmal, ein Kennzeichen der Erkentniß und der Sachen (nota, character cognitionis et rei) ist dasjenige in der Erkentniß oder den Sachen, welches, wenn es erkant wird, der Grund ist, weswegen wir uns ihrer bewußt sind; oder sie sind die Unterscheidungsstücke der Erkentniß und ihrer Gegenstände. Wo also ein Bewußtseyn ist, da werden Merkmale erkant §. 13. Z. E. die Vernunft ist ein Merkmal des Menschen, und der Erkentniß, die wir von demselben haben.

§. 116. Die Merkmale haben wiederum ihre Merkmale §. 115. Folglich sind alle Merkmale einer Sache entweder unmittelbare Merkmale (notae immediatae, proximae), oder mittelbare (notae mediatae, remotae). Diese sind Merkmale der Merkmale, jene aber nur Merkmale des Dinges, ob sie gleich keine Merkmale seiner Merkmale sind. Z. E. die Vernunft ist ein unmittelbares Merkmal des Menschen, weil aber die Vernunft ein Vermögen ist, den Zusammenhang der Dinge deutlich einzusehen, so ist das Vermögen ein mittelbares Merkmal des Menschen. Auf den unmittelbaren Merkmalen beruhet das Bewußtseyn §. 13.

§. 117

§. 117. Die Merkmale sind entweder verneinende (notae negatiuae) oder bejahende (notae affirmatiuae, positiuae). Durch jene stellen wir uns etwas als abwesend in der Sache vor, und wir erkennen dadurch nur was sie nicht sey; z. E. die Unvernunft der unvernünftigen Thiere. Durch diese stellen wir uns etwas als gegenwärtig in der Sache vor, und wir erkennen durch sie was die Sache sey, z. E. die Vernunft der Menschen. Obgleich beide Arten ein Bewußtseyn verursachen können, so sind doch die bejahenden bessere Merkmale als die verneinenden.

§. 118. Die Merkmale sind entweder wichtigere (notae grauiores), oder geringere Merkmale (notae leuiores). Jene entdecken einen grösseren, und diese einen geringern Unterschied der Sache. Entweder fruchtbare (notae foecundae), oder unfruchtbare Merkmale (notae infoecundae). Jene entdecken einen vielfältigen Unterschied von vielen Dingen, diese aber nicht. Die Vernunft ist ein wichtiges und fruchtbares Merkmal eines Menschen; daß er aber ein Ding ist, ein geringeres und unfruchtbareres. Je wichtiger und fruchtbarer demnach die Merkmale sind, desto mehr befördern sie das Bewußtseyn.

§. 119. Da die Merkmale Gründe sind §. 115, so sind sie entweder zureichende Gründe des Bewußtseyns, oder unzureichende Gründe §. 15. Jene sind zureichende (notae sufficientes), und diese unzureichende Merkmale (notae insufficientes). Jene sind bessere Merkmale als diese. Das Vermögen zu denken ist ein unzureichendes Merkmal eines Geistes, daß er aber Verstand hat, ein zureichendes.

§. 120. Die Merkmale sind entweder schlechterdings notwendige und unveränderliche (notae absolute necessariae et inuariabiles), oder zufällige und veränderliche Merkmale (notae contingentes et variabiles). Jene sind so beschaffen, daß ohne denselben die Sache nicht vorgestellt werden kan, z. E. die Vernunft des Menschen; diese aber sind so beschaffen, daß ohne ihnen die Sache doch

vorgeſtelt werden kan, z. E. das würkliche Denken des
Menſchen. Jene ſind beſſere Merkmale als dieſe.

§. 121. Die Merkmale können in einer Sache entweder vorgeſtellet werden, ohne ſie im Zuſammenhange mit
andern Sachen auſſer ihr zu betrachten, oder nicht. Dieſe
ſind äuſſerliche Merkmale oder Verhältniſſe (notae ex-
ternae, relationes), z. E. die Herſchaft eines Menſchen.
Jene ſind innerliche Merkmale (notae internae). Die
letztern ſind entweder nothwendig oder zufällig §. 120. Dieſe
heiſſen zufällige Beſchaffenheiten (modi), z. E. die Gelehrſamkeit eines Menſchen. Jene ſind entweder die Gründe aller übrigen Beſtimmungen, oder nicht. Dieſe ſind die
Eigenſchaften (attributa), z. E. das Vermögen zu denken
bey einem Menſchen. Jene heiſſen die weſentlichen Stücke (eſſentialia), z. E. die Vernunft des Menſchen. Der
Inbegrif aller weſentlichen Stücke iſt das Weſen (eſſentia).

§. 122. Je mehr Merkmale wir von einer Sache
erkennen, je gröſſer dieſe Merkmale ſind, und je vollkommener wir die Merkmale erkennen, deſto gröſſer und beſſer
iſt das Bewußtſeyn §. 13. Folglich verurſachen die bejahenden, wichtigen, fruchtbaren, innerlichen, nothwendigen und zureichenden Merkmale ein gröſſeres und beſſers
Bewußtſeyn, als die ihnen entgegengeſetzten §. 117-121.

§. 123. Eine Vorſtellung, in ſo ferne wir uns derſelben bewußt ſind, wird ein Gedanke genennet (cogita-
tio). Folglich iſt nicht eine jede Vorſtellung und Erkentniß ein Gedanke. Und was von dem Bewußtſeyn erwieſen worden, gilt auch vom Denken §. 115. 116. 122.

§. 124. Eine Erkentniß enthält entweder ſo viele
Merkmale, als zum Bewußtſeyn erfodert werden, oder
nicht. Jene iſt eine klare Erkentniß (cognitio clara),
welche mit dem Gedanken, und der Erkentniß, welcher wir
uns bewußt ſind, einerley iſt §. 123. Dieſe iſt eine dunkele Erkentniß (cognitio obſcura), welche alſo weder
ein Gedanke noch mit dem Bewußtſeyn verknüpft iſt
§. 123. Jene iſt vollkommener als dieſe. Wenn wir uns
auf

auf ein Wort nicht befinnen können, und es scheinet doch,
als wenn es uns vor dem Munde herum liefe: so haben
wir alsdenn eine dunkele Vorstellung von demselben.

§. 125. Die dunkele Erkentniß ist entweder
schlechterdings dunkel (cognitio absolute obscura),
oder beziehungsweise (cognitio relatiue obscura). Jene müste so dunkel seyn, daß es schlechterdings unmöglich
wäre, sie klar zu machen. Keine wahre Erkentniß ist
schlechterdings dunkel, und man muß demnach nichts für
schlechterdings dunkel halten. Alle wahre dunkele Erkentniß ist nur beziehungsweise dunkel, das ist, die Kräfte dieses oder jenen denkenden Wesens sind nicht zureichend, dieselbe klar zu machen. Und alsdenn ist entweder der Gegenstand vornemlich an dieser Dunkelheit schuld, oder der
Mensch, dem die Erkentniß dunkel ist. Jene ist die Dunkelheit der Sachen (cognitio obiectiue obscura), und
diese die Dunkelheit in dem Kopfe desjenigen, dem die
Erkentniß so dunkel ist (cognitio subiectiue obscura).
Z. E. die Sachen, die zu weit von uns entfernet sind, oder
zu klein sind, sind schuld, daß wir sie dunkel empfinden.
Wem aber die Vernunftlehre dunkel ist, der ist selbst da-
ran schuld. Endlich ist eine dunkele Erkentniß entweder
ganz dunkel (cognitio totaliter obscura), wenn wir uns
ihrer gar nicht bewußt sind, oder nur eines Theils (cognitio partialiter obscura), wenn wir uns ihrer bewußt
und auch nicht bewußt sind zu gleicher Zeit. Alle unsere
klare Erkentniß ist uns allemal eines Theils dunkel, weil
wir keine einzige Sache völlig zu durchdenken vermögend sind.

§. 126. Ein Mensch kan erkennen, was der andere
nicht erkent, und es kan demnach der eine Merkmale erkennen, die dem andern unbekant sind §. 115. Folglich kan
der eine klar erkennen, was der andere nur dunkel erkennet
§. 124. Man muß demnach nicht schliessen: 1) was mir
klar ist, das ist auch andern klar; 2) was mir dunkel ist,
das ist auch andern dunkel; 3) was mir ietzo klar ist, das

wird mir auch künftig klar ſeyn; 4) was mir jezo dunkel
iſt, das wird mir auch künftig dunkel bleiben.

§. 127. Je mehr Merkmale uns unbekant ſind, die
zum Bewußtſeyn erfodert werden, und je gröſſere Merkmale uns unbekant ſind, und je mehr Kraft dazu erfodert
wird, eine Erkentniß klar zu machen, deſto gröſſer iſt ihre
Dunkelheit. Ehe alſo eine Erkentniß klar werden kan,
muß man ofte viele Zeit und Mühe anwenden, ihre Dunkelheit zu vermindern.

§. 128. Weil wir viele klare Erkentniß haben, deren
Merkmale wir zwar erkennen §. 115, aber nicht klar; ſo ſind
würklich in unſerer Seele dunkele Vorſtellungen vorhanden,
welche die Materialien ausmachen, aus denen die Seele
nach und nach ihre klare Erkentniß zuſammenſetzt.

§. 129. Die Dunkelheit der Erkentniß entſteht aus
einer dreifachen Quelle: 1) wenn ein Menſch nicht Kräfte
genung beſitzt, um dieſelbe klar zu machen. Dieſer Mangel der Kräfte iſt entweder nothwendig oder nicht, und in
dem letzten Falle hätte der Menſch die Kräfte entweder erlangen ſollen oder nicht; 2) aus dem Mangel der Aufmerkſamkeit, welcher entweder aus einem nothwendigen
Mangel der Kräfte entſteht, oder weil wir auf eine gewiſſe
Erkentniß nicht achtung geben dürfen, oder weil wir auf
dieſelbe nicht achtung geben, ob wir gleich ſolten; 3) aus
der Unwiſſenheit ſolcher Sachen, ohne denen eine gewiſſe
Erkentniß nicht klar werden kan, es mag nun dieſe Unwiſſenheit nothwendig oder zufällig, lobenswürdig oder tabelnswürdig ſeyn §. 43. 50. 51. Alle Dunkelheit der Erkentniß iſt demnach entweder nothwendig oder zufällig, lobenswürdig oder tabelnswürdig. Folglich muß man bey der Ver-
beſſerung der Erkentniß nur die zufällige und tabelnswür-
dige Dunkelheit zu vermeiden ſuchen; und die Dunkelheit,
die bey dem einen nothwendig und lobenswürdig iſt, die
kan bey dem andern zufällig und tabelnswürdig ſeyn.

§. 130. Die dunkele Erkentniß 1) kan wahr ſeyn,
ſie kan aber auch falſch ſeyn §. 92. 93. Es iſt demnach nicht
eine

eine jede dunkele Erkentniß falsch; 2) ist keine gelehrte Erkentniß, in so fern sie dunkel ist. Sie ist, in der gelehrten
Erkentniß der Menschen, ein unvermeidliches Uebel.

§. 131. Diejenige Handlung, wodurch die Dunkelheit der Erkentniß vermindert, und die Klarheit der Erkentniß hervorgebracht und vermehrt wird, heißt die Auswickelung oder Einwickelung der Erkentniß (euolu-
tio, explanatio cognitionis), gleichwie die entgegengesez-
te Handlung die Einwickelung derselben (cognitionis
inuolutio) genennet wird. Zu der erstern wird a) vorläu-
fig dreyerley erfodert: 1) man untersuche aufs möglichste,
ob die Dunkelheit der Erkentniß, die man entwickeln will,
nothwendig oder zufällig, unverschuldet oder verschuldet
sey. In dem letzten Falle dürfen wir nur die Entwickelung
wagen. 2) Man untersuche, ob die Entwickelung derselben zu dem Horizonte unserer klaren Erkentniß gehöre oder
nicht. In dem ersten Falle ist diese Arbeit uns nur erlaubt. 3) Man untersuche, ob nicht diese Entwickelung
eine anderweitige klare Erkentniß voraussetze, ohne welche
sie nicht geschehen kan. Und befindet sich diese Sache in
der That also, so muß man diese Arbeit nicht eher unter-
nehmen, bis wir nicht diese anderweitige klare Erkentniß
erlangt haben §. 129. b) Zur Auswickelung selbst wird
dreyerley erfodert: 1) man richte seine Aufmerksamkeit auf
die Sache, die man klar erkennen will; 2) man vergleiche
sie mit andern von ihr verschiedenen Sachen, damit man
ihre Merkmale erkenne §. 115; 3) man abstrahire von allen
übrigen Dingen, oder man verdunkele dieselben, indem
man auf den Gegenstand achtung gibt. Je öfter, stärker
und länger man auf eine Sache achtung gibt, mit je mehrern Dingen man sie vergleicht, je stärker man von andern
Dingen abstrahirt: desto besser und eher entwickelt sich die
Erkentniß derselben, und solte man auch gleich im Anfange einigemal diese Arbeit vergeblich verrichten.

§. 132. Durch eine klare Erkentniß sind wir entweder vermögend, den Gegenstand beständig und in allen

C 5   Um-

Umſtänden, von allen möglichen übrigen Dingen, zu unter=
ſcheiden oder nicht. In dem erſten Falle iſt unſere Er=
kentniß ausführlich klar (cognitio complete clara), z. E.
die Vorſtellung der rothen Farbe; in dem andern aber un=
ausführlich klar (cognitio incomplete clara), z. E.
wenn wir zwar ſchmecken, daß ein Wein Rheinwein ſey,
wir können aber nicht ſchmecken, von was für einer Sorte
er ſey. Jene iſt vollkommener als dieſe, weil dieſe mehr
Dunkelheit enthält als jene §. 124, und wir erlangen ſie durch
die Erkenntniß der nothwendigen, unveränderlichen und zu=
reichenden Merkmale §. 119. 120. 121.

§. 133. Wenn wir eine klare Erkentniß haben, ſo
ſind wir uns entweder alles deſſen bewußt, was in dem
Gegenſtande angetroffen wird, oder nicht. Iſt das erſte,
ſo iſt die Erkenntniß ganz klar (cognitio totaliter clara).
Iſt das letzte, ſo iſt ſie nur eines Theils klar (cognitio
partialiter clara). Keine menſchliche klare Erkentniß iſt
ganz klar §. 125, und eine Erkentniß kan ausführlich klar
ſeyn, ob ſie gleich nicht ganz klar iſt §. 132. Unterdeſſen
iſt eine Erkentniß um ſo viel vollkommener, je mehr ſich
ihre Klarheit der gänzlichen Klarheit nähert §. 124.

§. 134. Je mehrere Merkmale wir erkennen, folg=
lich von je mehrern und übereinſtimmendern Dingen wir
eine Sache unterſcheiden können; je gröſſere Merkmale,
und je beſſer wir alle Merkmale erkennen; je leichter wir
uns einer Erkentniß und ihres Gegenſtandes bewußt ſeyn
können: deſto klärer iſt unſere Erkentniß §. 124, und alſo
auch deſto vollkommener. Man muß alſo, bey der Verbeſ=
ſerung einer Erkentniß, den möglichſten Grad ihrer Klar=
heit zu erreichen ſuchen.

§. 135. Eine undeutliche Erkentniß, welche durch die
Menge der Merkmale klärer iſt, wird eine lebhafte Erkent=
niß (cognitio extenſiue clarior, viuida) genant; z. E. der me=
lodiereiche Geſang der Nachtigall läuft tönend durch die Thä=
ler. Welche aber durch die Gröſſe der Merkmale und ihre klä=
rere Vorſtellung klärer iſt, die iſt der Stärke nach klärer

(cogni-

(cognitio intensiue clarior). Mit dem letztern Grade der Klarheit beschäftiget sich nur die Vernunftlehre §. 1. 17. 21.

§. 136. Wenn wir Merkmale der klaren Erkentniß vergessen, so kan eine klärere Erkentniß in eine weniger klare, und endlich in eine ganz dunkele Erkentniß verwandelt werden §. 124. Wer also der Einwickelung der klaren Erkentniß vorbeugen will §. 131, der muß der Vergessenheit vorbeugen.

§. 137. Eine Erkentniß, welche in Absicht auf die Stärke der Klarheit betrachtet wird, ist entweder deutlich, oder verworren §. 14. 135. In jener sind auch die Merkmale klar, in dieser aber dunkel §. 14. 115. 124. Weil also die Deutlichkeit eine vielfache Klarheit ist, so ist die deutliche Erkentniß vollkommener als die verworrene §. 124.

§. 138. Weil alle gelehrte Erkentniß deutlich ist §. 21. 17, so die verworrene Erkentniß, in so ferne sie verworren ist, nicht gelehrt §. 137. Gleichwie also die schönen Wissenschaften sich mit der Verbesserung der verworrenen Helfte der menschlichen Erkentniß beschäftigen, also muß ein Gelehrter durch die Vernunftlehre die deutliche Helfte derselben verbessern. Die Dunkelheit und Verwirrung ist in der gelehrten Erkentniß ein nothwendiges Uebel, welches man entweder auch nebenbey zu verbessern sucht oder nicht. In dem letzten Falle entsteht eine blos gelehrte Erkentniß, und in dem ersten eine gelehrte Erkentniß die zugleich schön ist §. 24.

§. 139. Die Handlung, wodurch ein gewisser Grad der Deutlichkeit in unserer Erkentniß hervorgebracht wird, heißt die Zergliederung der Erkentniß (resolutio, analysis, anatomia cognitionis). Eine Erkentniß kan zergliedert werden, wenn sie von irgends einem denkenden Wesen kan deutlich gemacht werden (cognitio resolubilis). In so ferne sie aber nicht deutlich werden kan, in so ferne ist sie eine Erkentniß, die nicht zergliedert werden kan (cognitio irresolubilis). Und alsdenn ist es entweder ganz und gar unmöglich, daß sie deutlich werde, oder sie kan nur durch die Kräfte dieses oder jenen denkenfenden Weſens nicht deutlich werden. Iſt das erſte, ſo kan ſie ſchlechterdings nicht zergliedert werden (cognitio abſolute irreſolubilis). Iſt das letzte, ſo kan ſie nur beziehungsweiſe nicht zergliedert werden (cognitio reſpective irreſolubilis). Wenn eine wahre Erkentniß ſchlechterdings nicht zergliedert werden könte, ſo müſten ihre Merkmale ſchlechterdings dunkel ſeyn §. 137. Da nun dieſes unmöglich iſt §. 120, ſo iſt alle wahre Erkentniß, welche nicht zergliedert werden kan, nur beziehungsweiſe ſo beſchaffen.

§. 140. In ſoferne wir von einer Sache eine deutliche Erkentniß haben, in ſo ferne begreifen wir ſie (concipere). Was deutlich erkant werden kan, iſt begreiflich (conceptibile). Was nicht deutlich erkant werden kan, iſt unbegreiflich (inconceptibile), entweder ſchlechterdings (abſolute inconceptibile), wenn es ſchlechterdings nicht zergliedert werden kan; oder nur beziehungsweiſe (relative inconceptibile), wenn es beziehungsweiſe nicht zergliedert werden kan. Alle mögliche Dinge ſind nur beziehungsweiſe unbegreiflich §. 139, und was wir gelehrt erkennen, das begreifen wir in ſo ferne allemal §. 21. 17.

§. 141. Was wir nicht begreifen, iſt deswegen keine ungereimte Sache §. 140. Und da dem einen Menſchen eine Erkentniß deutlich ſeyn kan, die dem andern verworren oder wol gar dunkel iſt §. 126; ſo muß man nicht ſchlieſſen: was wir nicht begreifen, das begreifen auch andere nicht; was wir begreifen das begreifen auch andere: was ich jetzo begreife, werde ich auch künftig begreifen; was ich jetzo nicht begreife, werde ich auch künftig nicht begreifen. Dieſe Schlüſſe gelten auch, wenn von der bloſſen Möglichkeit oder Unmöglichkeit die Rede iſt.

§. 142. Wenn man eine Erkentniß zergliedern will, ſo muß man 1) ſie entwickeln §. 131, wenn ſie nicht vorher ſchon in uns klar ſeyn ſolte. 2) Man muß die klare Erkentniß durchdenken, oder ihre Merkmale nach und nach entwickeln, nach §. 131. Je mehr Merkmale, und je beſſere Merkmale §. 116=121 man entwickelt, deſto beſſer iſt es.

e8. 3) Man überlege die entwickelten Merkmale, oder man stelle sie sich zusammen als Eine Erkentniß vor; sonst würden wir den Gegenstand nur stückweise denken, und das ist noch keine deutliche Erkentniß von dem ganzen Gegenstande. 4) Man stelle sich die entwickelten Merkmale in eben dem Zusammenhange und in eben der Ordnung vor, als sie in dem Gegenstande sich befinden. Sonst stimt die deutliche Erkentniß nicht mit dem Gegenstande überein, und alle Unordnung setzt uns in Verwirrung. 5) Man muß alle übrige Sachen und Vorstellungen, die nicht mit in Ueberlegung gezogen werden, verdunkeln, oder von ihnen abstrahiren; damit nicht die Erkentniß alsbald wieder verworren werde.

§. 143. Je mehrere und grössere klare Merkmale wir von einer Sache erkennen, ie besser wir die Merkmale erkennen, folglich ie weitläuftiger, proportionirter, richtiger, klärer, gewisser und practischer: desto deutlicher ist die Erkentniß §. 137. 25 ‹30.

§. 144. Eine deutliche Erkentniß ist entweder ganz deutlich (cognitio totaliter distincta), oder nur eines Theils (cognitio partialiter distincta). Jene enthält gar keine Dunkelheit und Verwirrung, diese aber enthält dergleichen. Keine menschliche deutliche Erkentniß ist ganz deutlich §. 133. Sie ist aber um so viel deutlicher, je näher ihre Deutlichkeit der gänzlichen Deutlichkeit komt §. 142.

§. 145. Die Verwirrung der Erkentniß entsteht, 1) aus den Quellen der Dunkelheit, denn sie bestehet in der Dunkelheit der Merkmale §. 137. 129. 2) Aus dem nothwendigen oder zufälligen, lobenswürdigen oder tabelnswürdigen Mangel des Nachdenkens; desgleichen 3) der Ueberlegung; 4) aus dem Mangel der Ordnung im Denken, und 5) aus einem nothwendigen oder zufälligen, lobenswürdigen oder tabelnswürdigen Mangel der Abstraction §. 142.

§. 146. Es giebt also nicht nur eine Verwirrung in aller unserer Erkentniß, die wir schlechterdings nicht verhüten können; sondern es giebt auch eine Verwirrung, die wir verhüten könten, allein wir dürfen nicht, weil sie unter

oder.

oder auſſer unſerm Horizonte angetroffen wird §. 145. Ehe
wir uns alſo an die Zergliederung einer Erkentniß wagen,
müſſen wir aufs möglichſte vorher unterſuchen, ob wir ſie
verrichten können oder dürfen.

§. 147. Die Merkmale einer deutlichen Erkentniß
ſind klar §. 137. Alſo ſind ſie entweder deutlich oder verworren §. 137. In dem erſten Falle haben wir eine vollſtändige Erkentniß (cognitio adaequata), in dem andern aber eine unvollſtändige (cognitio inadaequata),
z. E. das Laſter iſt eine erlangte Fertigkeit zu ſündigen.
Eine erlangte Fertigkeit iſt eine Leichtigkeit zu handeln, welche wir durch Uebung erhalten haben, und wir ſündigen,
wenn wir böſe freye Handlungen vornehmen. Dieſes iſt
eine vollſtändige Erkentniß des Laſters, ſie würde aber unvollſtändig ſeyn, wenn ich keine deutliche Erkentniß von
der Fertigkeit und der Sünde hätte. Die Vollſtändigkeit
iſt eine vielfache Deutlichkeit, und alſo eine Vollkommenheit der Erkentniß §. 137. Die Unvollſtändigkeit beſteht in
der Verwirrung der Erkentniß der Merkmale, und entſteht
alſo aus den Quellen der Verwirrung überhaupt §. 145.
Je mehr deutliche Merkmale eine Erkentniß enthält, und
je deutlicher ſie ſind, deſto vollſtändiger iſt die Erkentniß.
Und die vollkommenſte gelehrte Erkentniß muß ſo vollſtändig ſeyn als möglich §. 21.

§. 148. Die Vollſtändigkeit entſteht aus der Zergliederung der Merkmale §. 147. 142. Je entfernter die
Merkmale ſind, die wir wieder zergliedern, deſto vollſtändiger wird die Erkentniß §. 116. 147. Ein höherer Grad
der Vollſtändigkeit iſt eine tiefſinnige Erkentniß (cognitio profunda, purior). Und indem wir eine Erkentniß zergliedern, ſo bringen wir dieſes Geſchäfte zu Ende,
wenn wir die Merkmale entdecken, die wir nicht weiter zergliedern können. Wir bleiben aber in der Zergliederung
ſtehen, wenn wir Merkmale nicht weiter zergliedern, die
wir doch zergliedern könten. Da es nun eine ekelhafte Arbeit ſeyn würde, wenn wir die Zergliederung aller unſerer

deut-

deutlichen Erkentniß allemal zu Ende bringen wolten; so müssen wir allemal einen vernünftigen Zweck haben, warum wir eine Erkentniß zergliedern, und so bald wir denselben erreicht haben, so müssen wir vor bismal diese Arbeit unterbrechen. Es ist ohnedem unmöglich, daß ein Mensch alle Unvollständigkeit in seiner Erkentniß vermeide §. 144.

§. 149. Die deutliche Erkentniß ist entweder ausführlich deutlich (cognitio complete distincta) oder unausführlich (cognitio incomplete distincta) §. 132. Jene ist vollkommener als diese §. 132. Z. E. wenn ich mir einen Geist als ein Wesen vorstelle, welches denken kan, so habe ich eine deutliche aber unausführliche Erkentniß von demselben. Stelle ich mir denselben aber als ein Ding vor, welches Verstand hat, so ist meine deutliche Erkentniß von einem Geiste zugleich ausführlich).

§. 150. Wenn man eine deutliche Erkentniß von einer Sache ausführlich machen will, so muß man 1) diejenigen Merkmale zu entdecken suchen, die ausser ihr in keinem andern Dinge angetroffen werden; oder 2) man muß so viele Merkmale entdecken, als zusammengenommen keinem andern Dinge zukommen. Z. E. die Tugend ist eine Fertigkeit freyer rechtmäßiger Handlungen. Ob gleich ein iedes dieser Merkmale auch in Dingen angetroffen wird, die keine Tugenden sind; so sind sie doch zusammengenommen in keiner andern Sache befindlich. Und es macht demnach der Inbegrif dieser vier Merkmale, die deutliche Vorstellung der Tugend, zu einer ausführlichen deutlichen Vorstellung.

§. 151. Eine deutliche Erkentniß ist entweder eine bestimte (cognitio determinata), oder eine unbestimte Erkentniß (cognitio indeterminata). Jene ist ausführlich deutlich, und enthält nicht ein einziges Merkmal mehr, als zur Ausführlichkeit schlechterdings nöthig ist. Z. E. ein Geist ist ein Wesen, welches Verstand hat. Diese enthält entweder zu wenig Merkmale, und das ist die unausführlich deutliche Erkentniß §. 149; oder sie enthält mehr klare Merkmale, als zur Ausführlichkeit nöthig sind, und

das

das iſt eine gar zu weitläuftige Erkentniß (cognitio nimis prolixa). Z. E. ein Geiſt iſt ein denkendes Weſen, welches Verſtand und freyen Willen beſitzt. Wenn man alſo von einer ausführlich deutlichen Erkentniß diejenigen Merkmale abſondert, die entweder zur Ausführlichkeit nicht nöthig ſind, oder die aus andern Merkmalen derſelben Erkentniß folgen, ſo wird ſie beſtimt. Die Beſtimmung iſt nur eine Vollkommenheit der blos gelehrten Erkentniß §. 24, wenn man dem ſchwachen tiefſinnigen Verſtande des Menſchen das Begreifen einer Sache erleichtern will.

§. 152. Die allervollſtändigſte Erkentniß kan nach und nach weniger vollſtändig, unvollſtändig, verworren, und endlich ganz dunkel werden, wenn um der Vergeſſenheit willen die klare Erkentniß dunkel wird §. 136. Wer alſo dieſem Verluſte der Vollkommenheiten vorbeugen will, der muß die Vergeſſenheit zu verhüten ſuchen. Wir Menſchen ſind niemals in dem Beſitze unſerer Vollkommenheiten ganz ſicher, und wir müſſen alſo überall fleißig auf unſerer Hut ſtehen.

§. 153. Wer die gelehrte Erkentniß in Abſicht auf ihre Klarheit recht vollkommen machen will, der muß den Grad der Klarheit, der Gröſſe der Gegenſtände, proportioniren §. 70. Folglich ie weitläuftiger und gröſſer der Gegenſtand iſt, durch ie mehrere, beſſere und gröſſere Arten und Grade der Klarheit muß die gelehrte Erkentniß deſſelben erleuchtet werden. In dem gegenſeitigen Falle muß man ſich, in dieſer Sache, auch gegenſeitig verhalten.

§. 154. Ein jeder Gelehrter muß, wenn es ihm ſonſt möglich iſt, zu ſeiner Hauptwiſſenſchaft denjenigen Theil der Gelehrſamkeit erwählen, welcher der mannigfaltigſten und gröſten Klarheit fähig iſt; und ein ieder muß in ſeiner Hauptwiſſenſchaft die allerkläreſte Erkentniß zu erlangen ſuchen §. 63. 64. Er muß alſo ein heller Kopf ſeyn, oder die klärſten Wahrheiten vorzüglich lieben, und beſtändig ſo klar denken als möglich. Ein finſterer Kopf verdient kaum den Namen eines Gelehrten.

Der

Der ſechſte Abſchnitt,
von der Gewißheit der gelehrten Erkentniß.

Inhalt.

§. 155.

Die Gewißheit (certitudo ſubiectiue ſpectata) iſt das Bewußtſeyn der Wahrheit, oder die klare Erkentniß der Wahrheit §. 29. Will man alſo eine gewiſſe gelehrte Erkentniß beſitzen, ſo muß ſie nach den Regeln des vierten Abſchnitts wahr, und nach den Regeln des fünften Abſchnitts auf die gehörige Art klar ſeyn.

§. 156. Wenn wir weder klar erkennen, daß etwas wahr, noch daß es falſch ſey, ſo iſt unſere Erkentniß von demſelben ungewiß (incertitudo). Die Ungewißheit iſt alſo nur als eine Unvollkommenheit in unſerer Erkentniß anzutreffen. Eine Erkentniß, die uns nicht ungewiß iſt, iſt entweder gewiß wahr (certo vera cognitio), wenn wir uns ihrer Wahrheit bewußt ſind, oder gewiß falſch (certo falſa cognitio), wenn wir uns ihrer Unrichtigkeit be- wußt ſind §. 155.

§. 157. Alle Gewißheit iſt entweder eine deutliche oder eine verworrene Erkentniß der Wahrheit §. 155. 137. Dieſe iſt die ſinnliche Gewißheit (certitudo ſenſitiua), und wenn ſie in einem höhern Grade vollkommen iſt, die

D   äſtheti-

äſthetiſche (certitudo aeſthetica). Jene iſt die vernünftige Gewißheit (certitudo rationalis), und wenn ſie in einem
höhern Grade vollkommen iſt, heißt ſie die logiſche oder gelehrte (certitudo logica, erudita). Keine menſchliche gewiſ
ſe Erkentniß kan blos vernünftig und gelehrt ſeyn §. 144.

§. 158.   Die vernünftige Gewißheit iſt entweder
eine vollſtändige Gewißheit (certitudo adaequata), wenn
wir von den Kennzeichen der Wahrheit wiederum vernünftig gewiß ſind; oder eine unvollſtändige (certitudo inadaequata), wenn wir von den Kennzeichen der Wahrheit
nur ſinnlich gewiß ſind §. 157. 147.   Z. E. was denkt, iſt
würklich, ich denke, alſo bin ich würklich. Weil ich von
dem erſten Satze eine deutliche Gewißheit habe, ſo bin ich
in ſo ferne von dem letzten Satze vollſtändig gewiß. Weil
mir der andere Satz aber nur ſinnlich gewiß iſt, ſo iſt
mir der letzte Satz in ſo ferne nur unvollſtändig gewiß.

§. 159.   Die Gewißheit iſt entweder eine ausführliche (completa certitudo), oder eine unausführliche Gewißheit (incompleta certitudo) §. 132. 149.   Die be
ſtimte Gewißheit (certitudo determinata) iſt eine ausführliche Gewißheit, die nicht mehr Kennzeichen der Wahrheit enthält, als zur ausführlichen Gewißheit unentbehrlich ſind §. 151.

§. 160.   Durch die ausführliche Gewißheit wird
das Gemüth allemal dergeſtalt beruhiget, daß es über alle
vernünftige Furcht des Gegentheils erhöhet wird; die unausführliche Gewißheit aber kan dieſe vernünftige Furcht
nicht ganz vertreiben §. 159.   Unterdeſſen kan ein Menſch
ofte von aller Furcht des Gegentheils befreyet, und dem
ohnerachtet nicht einmal überhaupt gewiß ſeyn.

§. 161.   Die beſtimte Gewißheit, wenn ſie überdis
ſo vollſtändig iſt, als möglich, iſt die mathematiſche
Gewißheit (certitudo mathematica).

§. 162.   Wir haben von einer Sache eine gänzliche Gewißheit (certitudo totalis), wenn uns alles gewiß
iſt, was wir von derſelben erkennen; iſt uns aber nicht al

les

les dieses gewiß, so ist uns die Sache nur eines Theils gewiß (certituto partialis).

§. 163. Eine gewisse Erkentniß wird genant, 1) überzeugend (cognitio conuincens), in so ferne sie ausführlich gewiß ist, und die Hervorbringung einer solchen gewissen Erkentniß heißt die Ueberzeugung (conuictio); 2) unleugbar (cognitio euidens, indubitata), in so ferne wir klar erkennen, daß dasjenige, wovon wir überzeugt sind, unmöglich falsch seyn könne; 3) gründlich (cognitio solida), in so ferne die Gewißheit vollständig ist; oder auch wenn sie so groß und von der Art ist, als erfodert wird.

§. 164. Je mehr Sachen wir gewiß erkennen, und je mehr wir von einem iedweden Gegenstande gewiß erkennen, je grösser die Sachen sind, die wir gewiß erkennen, und je klärer wir die Wahrheit erkennen: desto grösser ist die Gewißheit §. 155. Wer also die gelehrte Erkentniß recht verbessern will, der muß sie so gewiß machen als es möglich ist, indem er die Gewißheit von allen Arten, und in einer iedweden Art den grösten Grad der Gewißheit hervorbringt, so viel als es nemlich die übrigen Regeln der Vollkommenheit der gelehrten Erkentniß verstatten.

§. 165. Wir müssen nicht schliessen: 1) Was mir gewiß ist, das ist auch andern Leuten gewiß, und umgekehrt §. 126. 2) Was mir ungewiß ist, das ist, an sich betrachtet, ungewiß, oder wol gar falsch §. 156. 3) Was mir ungewiß ist, das ist auch andern Leuten ungewiß, und umgekehrt §. 126. 4) Was mir ietzo gewiß ist, das wird mir künftig allemal auch gewiß bleiben §. 126. 5) Was mir ietzo ungewiß ist, das wird mir auch künftighin allemal ungewiß bleiben §. 126. 6) Wenn nicht alles in einem Gegenstande gewiß ist, so hat derselbe gar keine Gewißheit §. 162.

§. 166. Weil wir einige Arten, sonderlich der logischen Gewißheit, nur nach und nach erlangen, so muß man theils nicht verdrießlich werden, wenn die Gewißheit nicht so geschwinde erfolgen will, als wir manchmal wünschen; theils muß man mißtrauisch seyn, wenn wir etwa in einem

D 2 nem

nem Falle gar zu geſchwinde gewiß geworden ſind, ob man
etwa nicht etwas verſehen habe. Man muß, in der Erlangung der Gewißheit, langſam eilen.

§. 167. Wenn eine Erkentniß nicht von der Art
und in dem Grade gewiß iſt, als ſie ſeyn könte und ſolte,
ſo wird ſie eine ſeichte Erkentniß genant (cognitio ſu-
perficiaria).

§. 168. Wir geben einer Erkentniß unſern Beyfall, oder wir nehmen ſie an (aſſentiri, ponere aliquid)
wenn wir ſie für wahr halten; wir verwerfen ſie (tollere
aliquid), wenn wir ſie für falſch halten; und wir halten
unſern Beyfall zurück (ſuſpendere iudicium), wenn wir
keins von beyden thun. Wenn wir eine ungewiſſe Erkentniß annehmen oder verwerfen, ſo thun wir dieſes entweder,
weil wir einige Kennzeichen der Richtigkeit oder Unrichtigkeit erkennen, oder wir erkennen gar keine dieſer Kennzeichen. In dem letzten Falle übereilen wir uns (praecipi-
tantia), und die ungewiſſe Erkentniß, die wir aus Uebereri-
lung annehmen oder verwerfen, iſt eine erbettelte Erkentniß, ein Vorurtheil, eine vorgefaßte Meinung
(praecaria cognitio, praeiudicium, praeconcepta opinio).
Die erbettelte Erkentniß iſt gar keine gelehrte Erkentniß
§. 21. 17, und alle Vorurtheile können in der gelehrten Erkentniß vermieden werden, und ſie ſind demnach ein unver-
antwortlicher Schandfleck derſelben.

§. 169. Weil die Richtigkeit und Unrichtigkeit der
Sachen nicht von unſeren Einſichten abhanget, ſo kan
1) dasjenige, was wir durch ein Vorurtheil annehmen,
falſch, und was wir durch ein Vorurtheil verwerfen, wahr
ſeyn. 2) Dasjenige, was wir durch ein Vorurtheil annehmen, kan in der That wahr, und was wir durch ein
Vorurtheil verwerfen, kan würklich falſch ſeyn. 3) In einem jedweden Vorurtheile ſteckt allemal was irriges und falſches, weil wir gewiß zu ſeyn glauben, da wir doch nicht
gewiß ſind §. 168.

§. 170. Ein logiſch Vorurtheil (praeiudicium
logi-

logicum) ist ein Vorurtheil, wodurch die Vollkommenheit
der gelehrten Erkentniß, sonderlich die Gründlichkeit derselben gehindert wird. Zum Exempel: a) das Vorurtheil des gar zu grossen Zutrauens (praeiudicium nimiae confidentiae), wenn man auf eine übereilte Art etwas
für logisch vollkommen hält. 1) Das Vorurtheil des
gar zu grossen Ansehens (praeiudicium autoritatis), wenn
wir etwas annehmen oder verwerfen, weil es ein Mensch
annimt und verwirft, den wir so sehr ehren, daß wir ihn
für nachahmungswürdig halten. 2) Die logische Egoi-
sterey (egoismus logicus), wenn jemand deswegen etwas
für logisch vollkommen hält, weil er selbst der Urheber davon ist. 3) Das Vorurtheil des Alterthums (praei-
dicium antiquitatis), wenn wir etwas für wahr halten, weil
es eine alte Meinung ist. 4) Das Vorurtheil der
Neuigkeit (praeiudicium nouitatis), wenn wir etwas für
wahr halten, weil es eine neue Meinung ist. 5) Das
Vorurtheil des angenommenen Lehrgebäudes (praeiudicium systematis), wenn man etwas blos annimt, weil
es unserm Lehrgebäude gemäs, und verwirft, weil es demselben zuwider ist. 6) Das Vorurtheil des faulen
Vertrauens (praeiudicium pigritiae), wenn man durch einen geringern Fleiß eben so weit in der gelehrten Erkentniß
zu kommen glaubt, als durch einen grössern. 7) Das
Vorurtheil der Seichtigkeit (praeiudicium corticis),
wenn man glaubt, daß man mit einer seichten Erkentniß
eben so weit kommen könne als mit einer gründlichen.
b) Das Vorurtheil des gar zu grossen Mißtrauens
(praeiudicium nimiae diffidentiae), wenn man auf eine
übereilte Art etwas für logisch unvollkommen hält. 1) Das
Vorurtheil des Alterthums (praeiudicium antiquitatis) wenn man etwas verwirft, weil es alt ist. 2) Das
Vorurtheil der Neuigkeit (praeiudicium nouitatis),
wenn man etwas verwirft, weil es neu ist. 3) Das Vorurtheil der Völkerschaft (nazarethismus), wenn man etwas verwirft, weil es von einem gewissen Volke herstamt.

4) Das

4) Das Vorurtheil des Mißtrauens, welches man auf ſich ſelbſt ſetzt (praeiudicium nimiae diffidentiae in ſo ipſum poſitae), wenn man ſich ſelbſt zu wenig zutrauet u. ſ. w.

§. 171. Wenn wir eine ungewiſſe Erkentniß, um einiger Kennzeichen der Richtigkeit und Unrichtigkeit willen, annehmen oder verwerfen §. 168, ſo erkennen wir entweder mehrere und ſtärkere Gründe, ſie anzunehmen, als ſie zu verwerfen, und alsdenn iſt unſere Erkentniß wahrſcheinlich (cognitio probabilis, veroſimilis); oder wir erkennen mehrere und ſtärkere Gründe ſie zu verwerfen, als anzunehmen, und alſo haben wir eine unwahrſcheinliche Erkentniß (cognitio improbabilis); oder die Gründe ſind auf beyden Seiten einander gleich, und alsdenn iſt es eine zweifelhafte Erkentniß (cognitio dubia). Z. E. Es iſt wahrſcheinlich, daß die Planeten bevölkert ſind, es iſt aber unwahrſcheinlich, daß es die Sonne ſey. So ofte wir zu keinem Entſchluſſe kommen können, ſo ofte haben wir eine zweifelhafte Erkentniß.

§. 172. Weil die Menſchen ſo unendlich in ihrer Erkentniß von einander unterſchieden ſind, ſo kan der eine eine Sache durch ein Vourtheil annehmen oder verwerfen, die der andere für ganz gewiß wahr, der dritte für ganz gewiß falſch, der vierte für wahrſcheinlich, der fünfte für unwahrſcheinlich, und der ſechſte für zweifelhaft hält. Der erſte handelt allemál unrecht. Die beyden folgenden können unmöglich beyde Recht oder Unrecht haben. Die drey letzten aber können alle zuſammen Recht haben §. 159. 168. 171.

§. 173. Die Wahrſcheinlichkeit, Unwahrſcheinlichkeit und Zweifelhaftigkeit ſind Ungewißheiten §. 171, und alſo nicht in den Gegenſtänden unſerer Erkentniß befindlich §. 156. Die allerwahrſcheinlichſten Dinge können falſch, und die unwahrſcheinlichſten wahr ſeyn.

§. 174. Die Vorurtheile muß man weder für wahr noch für falſch halten §. 168, ſo wie auch die zweifelhafte Erkentniß §. 171. Die unwahrſcheinliche Erkentniß muß man für falſch, und die wahrſcheinliche für wahr hal

halten, doch beydes unter einer beständigen Furcht des Gegentheils §. 171. Der ausführlich gewissen Erkentniß
müssen wir unsern Beifall mit der grösten Zuversicht geben,
ohne das Gegentheil zu befürchten §. 159.

§. 175. Je mehrere und grössere Gründe wir erkennen, etwas anzunehmen, je wenigere und kleinere Gründe wir erkennen, es zu verwerfen, je besser wir jene und je
schlechter wir diese erkennen: desto grösser ist die Wahr-
scheinlichkeit, und desto grösser die Unwahrscheinlichkeit des
Gegentheils §. 171. Ein so grosser Grad der Wahrschein-
lichkeit, welcher in unserm regelmäßigen Verhalten so gut
ist, als eine ausführliche Gewißheit, wird die morali-
sche Gewißheit genant (certitudo moralis).

§. 1 6. Wenn wir etwas für wahr oder für falsch
halten, so nennet man eine iedwede Erkentniß eines Grundes zum Gegentheil, einen Zweifel (dubium). Die
Zweifel werden entweder auf eine blos dunkele und undeutliche Weise erkant, oder auf eine vernünftige und gelehrte
Art. Die erstern heissen Scrupel (scrupulus), und die
andern Einwürfe (obiectio).

§. 177. Alle Zweifel sind entweder wahre Zweifel (dubium verum), oder falsche (dubium falsum) §. 176.
92. 93, welche, wenn sie wahr zu seyn scheinen, einen
grossen Schein haben. Wenn man das Unrichtige in
einem falschen Zweifel klar erkennet, so wird der Zweifel
aufgelöst oder beantwortet (dubium resoluitur, seu ad
dubium respondetur). Alle Zweifel sind entweder beantwortlich oder unbeantwortlich, und beydes entweder
schlechterdings oder beziehungsweise (dubium absolute et respectiue resolubile aut irresolubile). Folglich
1) können wider alle Wahrheiten Zweifel erregt werden,
und es ist deswegen nichts falsch, weil Zweifel darwider erregt werden; 2) wider eine Wahrheit können Zweifel erregt werden, die diesem oder jenem Menschen unbeantwortlich sind; 3) wider keine Wahrheit können schlechterdings
unbeantwortliche Zweifel erregt werden. Ausgemachte

Wahr-

Wahrheiten (veritates indubitatae, extra omnem dubita-
tionis aleam poſitae) ſind entweder ſolche Wahrheiten, die
ausführlich gewiß ſind; oder wider welche keine andere
Zweifel erregt werden können, als die beantwortlich ſind,
und ſchon beantwortet worden.   Wahrheiten, die nicht
ausgemacht ſind, ſind unausgemachte Wahrheiten
(veritates non indubitatae).

§. 178. Zur völligen Ueberzeugung von einer
Wahrheit 1) wird nicht erfordert, daß die unbekanten Zweifel wider dieſelbe beantwortet werden; auch nicht 2) daß
die Scrupel beantwortet werden, denn ſie verdienen gar
keine Antwort; 3) auch nicht daß alle bekanten Zweifel beantwortet werden, es können ſo gar unter denſelben einige
ſeyn, welche einem Menſchen unbeantwortlich ſind, und
der dem ohnerachtet völlig überzeugt werden kan; 4) wird
erfodert, daß alle Zweifel, welche das Gemüth wankend
machen, beantwortet werden; 5) die Beantwortung der
Zweifel gereicht allemal zur Vermehrung der Gewißheit,
und zur Befeſtigung in der Ueberzeugung §. 176.

§. 179. Die Ungewißheit der Erkentniß entſteht
1) aus der Einſchränkung unſerer Erkentnißkraft, an welcher wir entweder ſchuld oder nicht ſchuld ſind; 2) aus dem
Mangel der gehörigen Aufmerkſamkeit, des Nachdenkens,
des Fleiſſes und der Gedulb §. 129. 145, welcher entweder
nothwendig oder zufällig, tadelnswürdig oder lobenswürdig
ſeyn kan; 3) aus einer nothwendigen oder zufälligen, lobenswürdigen oder tadelnswürdigen Unwiſſenheit ſolcher
Wahrheiten, ohne deren Erkentniß uns eine andere Wahrheit nicht gewiß werden kan §. 43. 50. 51; 4) aus einer
gar zu ſtarken Aufmerkſamkeit auf die Zweifel §. 176.

§. 180. Es gibt in der menſchlichen Erkentniß eine
Ungewißheit 1) welche ganz unvermeidlich iſt, und die uns
weder zur Schande noch zur Ehre gereicht; 2) welche wir
nicht vermeiden dürfen, wenn wir gleich könten, weil ihr
Gegenſtand auſſer unſerm Horizonte, oder unter demſelben
angetroffen wird, und die gereicht einem Menſchen zur Ehre;
3) wel-

3) welche ein Mensch vermeiden kan und soll, weil die entgegengesetzte Gewißheit in seinen Horizont gehört §. 178. Diese letzte gereicht uns allemal zur Schande, und wer seine
gelehrte Erkentniß aufs möglichste verbessern will, der muß
nur alle Ungewißheit der dritten Art zu vermeiden suchen.

§. 181. Eine Meinung (opinio) ist eine iedwede ungewisse Erkentniß, in so ferne wir sie annehmen, und
zugleich erkennen, daß sie nicht gewiß sey. Eine Meinung
wird entweder als ein Grund angenommen, aus welchem
wir die Erscheinungen in der Welt erklären, oder nicht. Die
letzte ist eine gemeine Meinung (opinio vulgaris). Die
erste ist eine philosophische oder gelehrte Meinung
(hypothesis philosophica, erudita), z. E. wenn man den
Ausfluß einer magnetischen Materie annimt, um daher zu
erklären, wie der Magnet das Eisen an sich zieht.

§. 182. Alle Meinungen 1) haben die Natur aller
ungewissen Erkentniß an sich; 2) die gemeinen Meinungen
sind, wenigstens in der gelehrten Erkentniß, ganz und gar
zu verachten; 3) es ist nicht allen eine Meinung, was einigen eine Meinung ist; 4) aus den gelehrten Meinungen
muß man nicht zu viel Wesens machen, denn sie gehören
zu der unvollkommenern Helfte der gelehrten Erkentniß;
5) man muß sie nicht ganz verachten, weil sie der Ueber-
gang von der historischen Erkentniß zu der völlig gewissen
gelehrten Erkentniß sind §. 181.

§. 183. Bey den gelehrten Meinungen muß man
folgende Regeln beobachten: 1) man muß keine gelehrte
Meinung für gewiß wahr halten, und für dieselbe nicht so
viel Eifer beweisen, als für gewisse Wahrheiten. 2) Man
muß sie nur im Nothfalle annehmen, wenn wir noch keine
bessere gelehrte Erkentniß haben können. 3) Man muß keine
offenbar falsche Meinung annehmen, welche entweder inner-
lich unmöglich ist, oder einer andern unleugbaren Wahrheit
widerspricht, oder den Erscheinungen widerspricht. Eine
Erscheinung widerspricht deswegen einer Meinung nicht,
weil wir sie nicht daraus herleiten können. 4) Man muß

D 5 bereit

bereit ſeyn, die allerartigſte und gelehrteſte Meinung fahren zu laſſen, ſo bald man ihre Unrichtigkeit entdeckt. 5) Man muß eine gelehrte Meinung nicht eher annehmen, ehe man ſie nicht zu einiger Wahrſcheinlichkeit gebracht hat. Man muß alſo, unter andern, die meiſten Erſcheinungen aus ihr erklären können. 6) Man muß ſich beſtändig bemühen, eine Meinung in eine gewiſſe Erkentniß zu verwandeln. 7) Man muß keine gar zu groſſe Neigung zu Meinungen haben, und deren nicht gar zu viele erfinden. 8) Man muß eine Meinung nicht deswegen für wahr halten, weil ſie neu, artig, wunderbar, unſchädlich, erbaulich iſt, und viel Mühe, Gelehrſamkeit, Witz und Scharfſinnigkeit erfodert hat, ehe ſie erfunden worden.

§. 184. Die Gewißheit und Ueberzeugung ſind entweder wahr, oder blos ſcheinbar. Der Irrthum, durch welchen wir überzeugt zu ſeyn uns einbilden, da wir doch nicht überzeugt ſind, wird die Ueberredung im böſen Verſtande genant (perſuaſio malo ſignificatu). Da durch dieſelbe die Gewißheit der gelehrten Erkentniß gehindert wird, ſo muß man ſie aufs möglichſte zu verhüten ſuchen. Sie entſteht aber: 1) aus der Unwiſſenheit der Regeln der Vernunftlehre; 2) aus dem Mangel einer gewiſſen Erkentniß, denn alsdenn weiß man noch nicht, wie es uns bey einer wahren Ueberzeugung zu Muthe iſt; 3) aus Vorurtheilen §. 169. 170. 171; 4) aus einer gar zu groſſen Nachläſſigkeit und Eilfertigkeit. In ſo ferne es nun in dem Vermögen eines Menſchen ſteht, dieſe Urſachen der Ueberredung aus dem Wege zu räumen, in ſo ferne iſt er auch im Stande, dieſen Fehler ſelbſt zu vermeiden.

§. 185. Wenn man nun die Ueberredung verhütet, und zu einer gründlichen Ueberzeugung gelanget; ſo erlangt man eine Wiſſenſchaft (ſcientia ſubiectiue ſpectata), das iſt, eine gelehrte Erkentniß, in ſo ferne ſie ausführlich gewiß iſt.

§. 186. Je gröſſer, wichtiger und fruchtbarer der Gegenſtand unſerer gelehrten Erkentniß iſt, deſto gewiſſer

muß

muß unsere Erkentniß seyn §. 70, das ist, wir müssen die Erkentniß desselben nach den meisten und besten Arten der Gewißheit, und in den höchsten Graden derselben gründlich zu machen suchen. Bey den kleinern Gegenständen verhält es sich gerade umgekehrt.

§. 187. Ein ieder muß sich nicht nur, zu seiner Hauptwissenschaft, denjenigen Theil der Gelehrsamkeit erwählen, welcher der grösten Gewißheit fähig ist, so viel ihm sonst möglich ist; sondern er muß auch seine erwählte Hauptwissenschaft, zu dem möglichsten Grade der Gewißheit, zu erhöhen suchen §. 63. 64.

§. 188. Die ausführliche Gewißheit besteht in dem Bewußtseyn der Wahrheit §. 155, folglich daß sie möglich und gegründet sey §. 94. 96, so daß keine Furcht des Gegentheils übrig bleibt §. 160. Folglich sind wir uns alsdenn bewußt, daß das Gegentheil falsch, unmöglich und ungegründet sey §. 95. 97. Folglich entsteht die ausführliche Gewißheit aus dem Bewußtseyn der Nothwendigkeit der Wahrheit §. 114.

§. 189. Die ausführliche Gewißheit entsteht entweder daher, daß wir klar erkennen, die Wahrheit sey schlechterdings nothwendig, oder daß sie nur in dieser Welt nothwendig sey §. 113. Erkennen wir das erste mathematisch gewiß, so besteht darin die mathematische Gewißheit vom ersten Range (certitudo mathematica primi ordinis). In dem andern Falle haben wir die mathematische Gewißheit vom andern Range (mathematica certitudo secundi ordinis), z. E. bey unsern Erfahrungen.

§. 190. Das Bewußtseyn der Zufälligkeit der Wahrheit verursacht die Ungewißheit, und höchstens nur eine unausführliche Gewißheit §. 189. 113. Wilkührliche Wahrheiten (hypothesis) sind diejenigen, deren Wahrheit von dem Willkühr der Menschen abhanget, und ihre Willkührlichkeit hindert die völlige Gewißheit von ihnen nicht.

§. 191. Der Beweis (probatio) ist dasjenige, was zu einer Wahrheit hinzugethan wird, damit sie gewiß werde.

werde.   Der Beweisthum (probatio materialiter ſumta,
ratio probans) iſt der Grund, aus welchem die Wahrheit
klar erkant werden kan, und das ſind die Kennzeichen der
Wahrheit §. 94.   Die Folge des Beweiſes (probatio
formaliter ſumta, conſequentia) iſt der Zuſammenhang der
Wahrheit mit dem Beweisthum §. 15.   Ein jeder Beweis
beſteht demnach aus dem Beweisthum und der Folge, und
er kan entweder eine ausführliche oder eine unausführliche
Gewißheit verurſachen §. 159.   Iſt das erſte, ſo heißt er
ein zureichender Beweis oder eine Demonſtration
(probatio ſufficiens, demonſtratio); iſt das andere, ſo iſt
er ein unzureichender Beweis (probatio inſufficiens).
Von dem letztern wird in der Vernunftlehre der wahrſcheinlichen Erkentniß ausführlich gehandelt.

§. 192.   Die Erkentniß einer Wahrheit iſt entweder
eine erweisliche (cognitio demonſtrabilis), oder eine unerweisliche Erkentniß (cognitio indemonſtrabilis).
Dieſe wird uns gewiß ſo bald wir ſie deutlich erkennen, jene
aber nicht.   Dieſe iſt ohne Beweis völlig gewiß, jene aber
nicht.   Man hüte ſich, daß man weder die erbettelte Erkentniß noch die erweisliche für unerweislich halte §. 168.

§. 193.   Wenn wir die ausführliche Gewißheit von
einer Wahrheit durch den Beweis und aus demſelben erlangen wollen, oder wenn ein Beweis eine Demonſtration ſeyn
ſoll, §. 191; ſo muß 1) ein ieder Beweisthum, welcher in
dem Beweiſe enthalten iſt, ausführlich gewiß ſeyn.   Es
müſſen demnach alle erweislichen Beweisthümer ſo lange
wieder erwieſen werden, bis man auf lauter unerweisliche
Beweisthümer komt;   2) die Folge ausführlich gewiß ſeyn
§. 191.   Auſſer dieſen beyden Stücken wird nichts weiter
zu einem Beweiſe erfodert, wenn er eine Demonſtration
ſeyn ſoll §. 15.

§. 194.   Wenn 1) auch nur ein einziger Beweisthum in einem Beweiſe falſch, oder 2) ungewis iſt, 3) eine
einzige Folge in dem Beweiſe falſch, oder 4) ungewiß iſt,
oder 5) wenn mehrere dieſer Fehler zugleich in einem Be-

weiſe

weise angetroffen werden, so kan er keine Demonstration
seyn §. 193.

§. 195. Gleichwie iemand einen unzureichenden
Beweis für eine Demonstration halten kan, also kan auch
iemand eine Demonstration für einen unzureichenden Beweis, oder wol gar für einen falschen Beweis halten
§. 165. Folglich muß man eine Demonstration deswegen
überhaupt nicht verwerfen, weil sie auf unser Gemüth nicht
die gehörige Würkung thut.

§. 196. Durch eine Demonstration suchen wir entweder gewiß zu werden, daß etwas wahr, oder daß etwas
falsch sey §. 191. 156. In dem ersten Falle kan man eine
Wahrheit auf eine zweyfache Art demonstriren: 1) unmittelbarer Weise (demonstratio directa, ostensiua),
wenn wir die Wahrheit aus ihren Kennzeichen herleiten;
2) mittelbarer Weise (demonstratio indirecta, apogogica,
deductio ad absurdum), wenn wir die Unrichtigkeit ihres
Gegentheils demonstriren, und daraus ihre Wahrheit schliessen. Eben so kan man demonstriren, daß etwas falsch sey,
oder es widerlegen (refutatio), a) mittelbarer Weise
(refutatio mediata), wenn wir die Wahrheit seines Gegentheils demonstriren; b) unmittelbarer Weise (refutatio
immediata), wenn wir die Unrichtigkeit desselben aus ihren
Kennzeichen herleiten. Man kan aber beweisen, daß etwas falsch sey: α) wenn wir beweisen, daß es unmöglich
und ungegründet, β) daß es andern unleugbaren Wahrheiten zuwider sey, und γ) daß aus ihm was falsches folge.

§. 197. Eine Demonstration verursacht entweder
eine deutlich oder undeutlich ausführliche Gewißheit §. 191.
188. Diese sind die ästhetische Demonstrationen (demonstratio aesthetica), jene aber die logischen, philo-
sophischen und gelehrten (demonstratio logica, philosophica, erudita). Eine logische Demonstration, welche
eine mathematische Gewißheit verursacht, ist eine mathematische Demonstration (demonstratio mathematica)
§. 161.

§. 198.

§. 198. Wir können allemal schliessen: 1) wenn der ganze Beweis richtig und gewiß ist, so ist auch die erwiesene Sache richtig und gewiß; 2) wenn die erwiesene Sache falsch und ungewiß ist, so ist in dem Beweise ein Fehler §. 194. Wir können aber nicht schliessen: 1) wenn der Beweis falsch ist, so ist auch die erwiesene Sache falsch; 2) wenn der Beweis ungewiß ist, so ist die bewiesene Sache auch nur ungewiß; 3) was wir nicht beweisen können, ist falsch; 4) wenn die erwiesene Sache wahr und gewiß ist, so ist auch der Beweis wahr und gewiß.

§. 199. Der Demonstrirgeist (spiritus demonstrationis) bestehet in der zureichenden Geschicklichkeit eines Menschen zum Demonstriren, und dem natürlichen Triebe nach einer solchen gewissen Erkentniß, als man durchs Demonstriren erlanget. Ohne diesem Geiste kan niemand demonstriren, und es solte sich niemand ohne demselben an diese Sache wagen.

§. 200. Die gar zu grosse Liebe zum Demonstriren ist die Demonstrirsucht (pruritus demonstrandi). Diese gelehrte Krankheit äussert sich durch folgende Stücke: 1) wenn man zu demonstriren sucht, was man nicht demonstriren kan und darf; 2) wenn man so gar auf eine unächte Art demonstrirt, damit man nur den Schein des Demonstrirens bey Blödsinnigen erwecke; 3) wenn man nur bey dem blossen Demonstriren stehen bleibt, und die demonstrirten Wahrheiten nicht gehörig braucht und anwendet; 4) wenn man ein Pedant im Demonstriren ist, oder dasjenige ganz und gar verachtet, was nicht demonstrirt ist, es sey nun daß es würklich nicht demonstrirt ist, oder daß wir es nur nicht dafür halten; 5) wenn man, wie ein Charlatan, das Demonstriren zu hoch erhebt, und zu viel Prahlens davon macht, so gar alsdenn, wenn man unnütze Kleinigkeiten demonstrirt.

§. 201. Eine Empfindung (sensatio) ist eine Vorstellung einer gegenwärtigen Sache, und indem wir etwas klar empfinden, so erfahren wir dasselbe. Die Erfahrung (experientia) bestehet also in derjenigen Erkentniß,

welche

welche durchs Empfinden klar ist. Die klaren Empfindungen sind die unmittelbare Erfahrung (experientia immediata), und die übrige klare Erkentniß, welche aus der
unmittelbaren Erfahrung durch einen kürzern Beweis hergeleitet wird, heißt die mittelbare Erfahrung (experientia mediata). Z. E. daß ich denke, ist eine Empfindung
und unmittelbare Erfahrung, daß ich aber ein Vermögen
zu denken habe, ist eine mittelbare Erfahrung.

§ 202. Wenn uns etwas gewiß ist, so ist es uns
entweder aus der Erfahrung gewiß, oder aus andern Gründen, und in dem ersten Falle entweder aus unserer eigenen
Erfahrung, oder aus der Erfahrung anderer Leute. Folglich haben wir eine dreyfache Quelle aller Beweise §. 191,
nemlich unsere eigene Erfahrung, die Erfahrung anderer
Leute, und andere Gründe, die keine Erfahrungen sind.

§. 203. Wenn wir einen Beweis 1) aus unserer eigenen unmittelbaren Erfahrung führen, so dürfen wir uns
nur einen einzeln Fall klar vorstellen, in welchem wir etwas
empfunden haben §. 201. 2) Bey den Beweisen aus der
mittelbaren Erfahrung muß nicht nur wenigstens Eine unmittelbare Erfahrung angeführt werden, sondern die übrigen Beweisthümer samt der Folge müssen auch gewiß seyn
§. 201. 193. 3) Wovon wir auch so gar durch die unmittelbare Erfahrung gewiß sind, ist keine unerweisliche Erkentniß §. 192. 201. 4) Die Erfahrung gibt uns eine ausführliche Gewißheit, indem sie alle Kennzeichen der Wahrheit
des Gegenstandes enthält §. 201. 94. 96. 5) Die Erfahrung gibt uns eine ausführliche Gewißheit vom andern
Range §. 189, und 6) stellt sie uns die Wahrheit nur aus
den äußerlichen Kennzeichen vor §. 94.

§. 204. Wenn wir eine Wahrheit aus andern
Beweisthümern, welche keine Erfahrung sind, beweisen;
so führen wir einen Beweis aus der Vernunft (probatio ex ratione). In einem solchen Beweise 1) muß kein
Beweisthum vorkommen, welcher eine Erfahrung ist, und
2) alle Beweisthümer desselben müssen ohne Erfahrung

aus-

ausführlich gewiß ſeyn, wenn er eine Demonſtration ſeyn
ſoll §. 193.

§. 205. Alle Erfahrung, und was wir aus derſelben beweiſen, iſt die Erkentniß von hinten her (cognitio a poſteriore), die übrige vernünftige Erkentniß aber
wird, die Erkentniß von vorne her (cognitio a priore),
genant. Wenn wir von einer Wahrheit ſo wol aus eigener
Erfahrung, als auch aus der Vernunft gewiß ſind, ſo nennet man daſſelbe die Vereinbarung der Vernunft und
der Erfahrung (connubium rationis et experientiae).

§. 206. Aus anderer Leute Erfahrung werden wir,
vermittelſt des Glaubens, gewiß. Wer eine wirkliche Sache für wahr ausgiebt, damit ein anderer ſie auch für wahr
halte, heißt ein Zeuge (teſtis), und ſeine Handlung ein
Zeugniß (teſtimonium, teſtari). Glauben (credere)
heißt, um eines Zeugniſſes willen etwas annehmen. Der
Glaube (fides, fides hiſtorica) iſt der Beyfall, den wir einer Sache um eines Zeugniſſes willen geben. Der Gegenſtand des Glaubens beſteht in vergangenen, gegenwärtigen
und zukünftigen Dingen, aber nicht in andern Wahrheiten.

§. 207. Das Anſehen eines Zeugen (autoritas
teſtis) beſteht in demjenigen Grade ſeiner Ehre, vermittelſt deſſen er in ſeiner Erkentniß für nachahmungswürdig
gehalten wird. Wir können keinem Zeugen glauben, der
in keinem Anſehen bey uns ſteht. Und dieſes Anſehen beſteht 1) in der Tüchtigkeit des Zeugen (dexteritas teſtis),
wenn er zureichende Kräfte beſitzt, nicht nur eine richtige
Erfahrung zu bekommen, ſondern dieſelbe auch auf eine
richtige Art zu bezeichnen; 2) in der Aufrichtigkeit des
Zeugen (ſinceritas teſtis), oder in der Neigung ſeines
Willens, ſeine Erfahrungen ſo zu bezeichnen, wie er ſie
für wahr hält. Keins von beyden kan, ohne dem andern,
einem Zeugen das gehörige Anſehen verſchaffen.

§. 208. Ein Augenzeuge (teſtis oculatus) iſt
ein Zeuge, welcher die Sache ſelbſt erfahren hat, die er
bezeuget. Ein Hörenzeuge (teſtis auritus) iſt kein Au-
gen-

genzeuge, sondern er hat nur das Zeugniß anderer von der Sache erfahren.

§. 209. Zur Tüchtigkeit eines Augenzeugen wird erfodert: 1) er muß bey der Sache gegenwärtig gewesen seyn, die er bezeuget; 2) er muß im Stande seyn, eine richtige Erfahrung zu bekommen; 3) er muß ein gutes und treues Gedächtniß haben, oder seine Erfahrungen alsobald aufschreiben; 4) er muß die Gabe besitzen, seine eigene Erkentniß auf eine richtige und hinlängliche Art zu bezeichnen.

§. 210. Ein Hörenzeuge ist in Absicht auf das Zeugniß, welches er bezeuget, ein Augenzeuge, und er muß demnach alle dazu erfoderte Tüchtigkeit besitzen §. 209. In so ferne er aber ein Hörenzeuge ist, werden folgende Stücke zu seiner Tüchtigkeit erfodert: 1) er muß nur die Zeugnisse tüchtiger Augenzeugen nachsagen, und er muß also allemal einen tüchtigen Augenzeugen anführen können, welcher sein Gewährsmann ist. Eine gemeine Sage (fama) ist ein Zeugniß vieler Hörenzeugen von einer Sache, deren Augenzeuge unbekant ist. Diese Hörenzeugen leben entweder zu Einer Zeit, und alsdenn ist ihre Sage ein öffentliches Gerüchte (rumor sine capite), oder zu verschiedenen Zeiten, und alsdenn ist sie eine mündliche Ueberlieferung (oralis traditio). Der gemeinen Sage fehlt es am nöthigen Ansehen; 2) er muß Verstand genung besitzen, um recht zu fassen, was er hört oder liefet; 3) er muß ein treues Gedächtniß besitzen, um die Nachrichten so wieder andern mitzutheilen, wie er sie empfangen hat.

§. 211. Bey der Aufrichtigkeit eines Zeugen komt es blos auf seinen guten Willen an, nicht zu lügen §. 207. Derjenige Zeuge, welcher sich von einem wahren Zeugnisse entweder lauter Gutes, oder mehr Gutes als Böses verspricht, und welcher sich von der Lügen lauter Böses, oder mehr Böses als Gutes verspricht, der redet die Wahrheit. Und in dem entgegengesetzten Falle lüget er. Dieses Gute oder Böse kan seine Seele, oder seinen Körper, oder seinen äußerlichen Zustand betreffen, er kan es hoffen oder fürch-

E

ten von GOtt, von denenjenigen Menſchen, denen er das
Zeugniß ablegt, oder von denen er zeuget u. ſ. w. er mag
ſich nun in dieſer Sache betrügen oder nicht.

§. 212. Die Gewißheit eines Zeugniſſes beruhet
1) auf den innerlichen Kennzeichen ſeiner Wahrheit §. 95.
96; 2) auf den äuſſerlichen Kennzeichen ſeiner Wahrheit,
nemlich auf dem hinlänglichen Anſehen des Zeugen, welches wenigſtens ſehr wahrſcheinlich ſeyn muß §. 207. 94.
Die Zeugniſſe eines tüchtigen und aufrichtigen Zeugen können nicht falſch ſeyn.

§. 213. Was wir glauben, erbetteln wir nicht
§. 212. 168. Der Unglaube (incredulitas) iſt die Fertigkeit, einem gewiſſen oder wahrſcheinlichen Zeugniſſe nicht
zu glauben. Die Leichtgläubigkeit (credulitas) iſt die
Fertigkeit, einem unwahrſcheinlichen Zeugniſſe zu glauben.
Beyde Fehler ſind unvernünftig §. 174.

§. 214. Ein Zeuge iſt glaubwürdig (teſtis fide
dignus), wenn man auf eine gelehrte Art wenigſtens wahrſcheinlich erkennen kan, daß er genugſames Anſehen habe;
das Zeugniß eines ſolchen Zeugen iſt ein glaubwürdiges
Zeugniß (teſtimonium fide dignum). Der vernünftige oder ſehende Glaube (fides oculata, rationalis) iſt
die Fertigkeit nur glaubwürdigen Zeugen zu glauben.

§. 215. Es gibt 1) eine Vereinbarung der Erfahrung
und des Glaubens (connubium experientiae et fidei), wenn
wir ſo wol aus eigener Erfahrung, als auch aus glaubwürdigen
Zeugniſſen etwas erkennen; 2) eine Vereinbarung des Glaubens
und der Vernunft (connubium fidei et rationis), wenn wir ſo-
wol aus der Vernunft, als auch durch den Glauben von einer Sache gewiß ſind; und 3) eine Vereinbarung der Vernunft, des
Glaubens und der Erfahrung (connubium rationis experientiae et fidei), wenn wir eine Wahrheit durch alle drey Wege überzeugend erkennen. Die Vereinbarung des Glaubens mit den übrigen Quellen der Erkentniß, wird auch der vermiſchte Glaube (fides mixta)
genennet; wenn wir aber blos um des Glaubens willen etwas annehmen, ſo heißt es der reine Glaube (fides pura). Weil wir weder
die Tüchtigkeit noch Aufrichtigkeit menſchlicher Zeugen demonſtriren
können, ſo gibt der Glaube nur eine Wahrſcheinlichkeit, und höchſtens
nur eine moraliſche Gewißheit §. 175.

Der

Der siebende Abschnitt,
von der practischen gelehrten Erkentniß.

Inhalt.

§. 216.

Eine Erkentniß ist practisch (cognitio practica), in
so ferne sie uns auf eine merkliche Art bewegen kan,
eine Handlung zu thun oder zu lassen. Alle vollkommenere
Erkentniß, die nicht practisch ist, wird eine speculativi=
sche Erkentniß (cognitio speculatiua, speculatio) ge=
nennet. Alle gelehrte Erkentniß ist demnach entweder pra=
ctisch oder speculativisch.

§. 217. Eine Erkentniß, in welcher wir uns vor=
stellen, daß etwas gethan oder gelassen werden solle, wird
auch practisch genant, in so ferne sie der theoretischen Er=
kentniß (cognitio theoretica, theoria) entgegen gesetzt wird,
der Erkentniß, die uns nicht vorstellt, daß etwas gethan oder
gelassen werden solle. Alle gelehrte Erkentniß ist entweder
practisch oder theoretisch, und beyde Arten gehören entweder
zu der practischen oder speculativischen Erkentniß §. 216.

§. 218. Die practische Erkentniß ist besser als die
speculativische Erkentniß §. 216, weil in ihr eine grössere
Zusammenstimmung des Mannigfaltigen angetroffen wird
§. 22. Wer also seine gelehrte Erkentniß aufs möglichste
verbessern will, der muß die Speculation verhüten, und
lauter practische Erkentniß suchen.

§. 219. Keine wahre gelehrte Erkentniß ist ihrer
Natur nach speculativisch, sondern nur um des Mangels
der Einsicht eines Gelehrten willen, welcher ihren Zusam=

men=

menhang mit dem Verhalten des Menſchen nicht einſehen
kan, oder nicht einſehen will. In dem leßten Falle be-
ſchimpft ſich der Gelehrte ſelbſt.

§. 220. Es iſt unvernünftig, wenn man für eine
Speculation halten wolte: 1) alle tiefſinnige, beſtimte, genaue und ſchwere gelehrte Erkentniß; 2) alle Gelehrſamkeit
überhaupt; 3) alle Theorie; 4) diejenige gelehrte Erkentniß, welche in dieſem oder jenem Menſchen nicht practiſch
iſt; 5) alle Erkentniß, die nicht einen unmittelbaren Einfluß in das moraliſche Verhalten eines Menſchen hat.

§. 221. Eine Erkentniß iſt entweder ihres Gegenſtandes wegen practiſch (cognitio obiectiue practica),
oder ihrer Beſchaffenheit wegen (cognitio ſubiectiue
practica), oder beydes zugleich. In dem erſten Falle muß
ſie einen Gegenſtand haben, welcher ſo erkant werden kan,
wie zu einer practiſchen Erkentniß erfodert wird. In dem
andern Falle iſt ſie ſo beſchaffen, daß ſie in die Begeh-
rungskraft würken kan.

§. 222. Eine gelehrte Erkentniß iſt ihres Gegenſtandes wegen practiſch: 1) wenn die erkanten Wahrheiten
gut und nüßlich ſind. Und in dieſer Abſicht iſt alle wahre
gelehrte Erkentniß practiſch §. 39. 221.

§. 223. Eine gelehrte Erkentniß iſt ihres Gegenſtandes wegen practiſch: 2) in ſo ferne ſie bey den vernünftigen Handlungen, wodurch die menſchliche Vollkommenheit
erhalten wird, zum Grunde liegt §. 221, und deren Mangel man alſobald an den Handlungen eines Menſchen merkt.

§. 224. Eine gelehrte Erkentniß iſt ihres Gegenſtandes wegen practiſch: 3) wenn ihr Gegenſtand in den Regeln beſteht, die wir beobachten müſſen, wenn wir unſere
geſamte Wohlfarth auf die beſte Art erhalten wollen §. 221.

§. 225. Eine gelehrte Erkentniß iſt ihres Gegenſtandes wegen practiſch: 4) wenn ihr Gegenſtand, auf eine
entfernte und mittelbare Weiſe, einen Einfluß in unſer geſamtes gutes Verhalten hat §. 221, z. E. die Erkentniß ſolcher
Wahrheiten, ohne welchen die übrigen practiſchen Wahrheiten

heiten §. 222 : 224 entweder gar nicht oder doch nicht auf eine gelehrte Art von uns Menſchen erkant werden könten.

§. 226. Weil kein Menſch im Stande iſt, alle
practiſche Wahrheiten zu erkennen, ſo wird die gelehrte Erkentniß vorzüglich und ſchlechthin practiſch genant (co-
nitio obiectiue et comparatiue ſ. eminenter practica), welche in einem höhern Grade practiſch iſt, z. E. die uns merklich nützlicher iſt, als eine andere, und welche einen unmittelbaren oder ſehr nahen Einfluß in unſer Verhalten hat.

§. 227. Alle gelehrte Erkentniß wird verglei-
chungsweiſe ſpeculativiſch genennet (cognitio comparatiue ſpeculatiua), wenn ſie in einem ſehr kleinen Grade
practiſch iſt. Z. E. 1) wenn ſie einen ſehr kleinen und un-
merklichen Einfluß in unſer regelmäßiges Verhalten hat;
2) wenn ſie einen ſehr kleinen Nutzen hat; 3) wenn ſie uns
an einer nöthigern und nützlichern Erkentniß hindert.

§. 228. Um der verſchiedenen Lebensart und Hauptwiſſenſchaft willen, kan eine gelehrte Erkentniß von dem
einen mit Recht für practiſch, und von dem andern für ſpeculativiſch gehalten werden §. 226. 227. Ja, es kan iemand um ſeiner geringen Erkentnißkräfte willen, und aus
Nachläßigkeit, den Zuſammenhang einer gelehrten Erkentniß mit unſerm Verhalten, nicht einſehen, welcher ſie daher für eine ſpeculativiſche Erkentniß halten wird.

§. 229. In ſo ferne eine gelehrte Erkentniß practiſch iſt, in ſo ferne iſt ſie auch nützlich. Man muß demnach 1) keine Wahrheit und keine gelehrte Erkentniß für
ganz unnütz halten §. 223. 2) Eine gelehrte Erkentniß iſt
deswegen nicht unnütz, weil ſie dieſem oder jenem Menſchen nichts nützt, und ihm wol gar ſchädlich iſt. 3) Eine gelehrte Erkentniß, welche in einer Abſicht nicht nützlich
iſt, kan in einer andern Abſicht nützlich ſeyn. 4) Man
muß nicht ſchlieſſen: was uns jetzo nicht nützlich iſt, das
wird uns auch künftig nicht nützlich ſeyn.

§. 230. Je mehrere Nutzen eine gelehrte Erkentniß
verſchaft, ie gröſſer dieſelben ſind, und ie gröſſer und man-

nig-

nigfaltiger ihr Einfluß in unſer geſamtes Verhalten iſt, be⸗
ſto practiſcher iſt ſie §. 216.

§. 231. Damit ein ieder Gelehrter ſeine gelehrte
Erkentniß aufs möglichſte verbeſſere, muß er 1) diejenigen
Wahrheiten aufs vollkommenſte erkennen, die im höchſten
Grade practiſch ſind. Der Grad des Fleiſſes und der
Vollkommenheit der gelehrten Erkentniß, muß dem Grade
des Practiſchen in ihrem Gegenſtande proportionirt ſeyn
§. 70. 2) Ein ieder muß, wo möglich, zu ſeiner Haupt⸗
wiſſenſchaft denjenigen Theil der Gelehrſamkeit erwählen,
welcher im höchſten Grade practiſch iſt §. 63.

§. 232. Eine Erkentniß, die ihrer Beſchaffenheit
nach practiſch iſt, wird eine lebendige und rührende
Erkentniß genant (cognitio viua, mouens). Eine le⸗
bendige vernünftige Erkentniß (cognitio rationalis
viua) iſt eine vernünftige Erkentniß, die ſo beſchaffen iſt,
daß durch ſie vernünftige Begierden und Verabſcheuungen
erweckt werden; oder ſie enthält Bewegungsgründe
(motiua), das iſt, ſolche vernünftige Vorſtellungen des Gu⸗
ten und Böſen, wodurch Begierden und Verabſcheuun⸗
gen entſtehen. Alle vernünftige Erkentniß, die nicht ſo
beſchaffen iſt, heißt eine vernünftige todte Erkentniß
(cognitio rationalis mortua).

§. 233. Diejenige Beſchaffenheit der Erkentniß,
vermöge welcher ſie Begierden und Verabſcheuungen
würkt, heißt das Leben der Erkentniß (cognitionis
vita), welches, wenn es in den Bewegungsgründen beſteht
§. 232, das vernünftige Leben der Erkentniß heißt,
oder alsdenn rührt und bewegt die Erkentniß auf eine ver⸗
nünftige Art (vita rationalis cognitionis).

§. 234. Eine gelehrte Erkentniß kan 1) in Abſicht
auf ihren Gegenſtand ungemein practiſch, und dem ohner⸗
achtet todt ſeyn; 2) ſie kan falſch und ungemein lebendig
ſeyn; das Leben der Erkentniß iſt alſo kein Kennzeichen ih⸗
rer Warheit; 3) eine gelehrte Erkentniß kan ſehr weitläuf⸗
tig, groß, richtig, gewiß und deutlich, und dem ohnerach⸗

tet todt seyn §. 232. Das Leben ist demnach noch eine Vollkommenheit der gelehrten Erkentniß, welche von allen übrigen Vollkommenheiten derselben verschieden ist.

§. 235. Das Practische in der gelehrten Erkentniß wird nur durch das Leben würklich practisch. Die lebendige vernünftige Erkentniß ist demnach vollkommener als die todte, und wenn sie beyde sonst auch mit allen übrigen logischen Vollkommenheiten im gleichen Grade solten ausgezieret seyn.

§. 236. Wenn die vernünftige und gelehrte Erkentniß vernünftig rühren soll, so muß sie 1) eine anschauende Erkentniß seyn. Eine Erkentniß ist anschauend (cognitio intuitiua), wenn wir uns den Gegenstand stärker vorstellen, als die Zeichen desselben; stellen wir uns aber diese stärker vor als jenen, so ist die Erkentniß symbolisch (cognitio symbolica). Alle gelehrte Erkentniß ist entweder anschauend oder symbolisch. Wenn man die Aufmerksamkeit, das Nachdenken und die Ueberlegung vornemlich mit dem Gegenstande der gelehrten Erkentniß beschäftiget, so wird sie eine deutliche anschauende Erkentniß.

§. 237. Das Vergnügen (voluptas) ist die anschauende Erkentniß der Vollkommenheit, und die anschauende Erkentniß der Unvollkommenheit ist das Mißvergnügen (taedium). Eine Erkentniß verursacht uns eine Gleichgültigkeit (indifferentia), wenn sie uns weder ein Vergnügen noch ein Mißvergnügen verursacht. Wenn also die vernünftige und gelehrte Erkentniß vernünftig rühren soll, so muß sie 2) Vergnügen und Mißvergnügen erwecken; a) über sich selbst muß sie uns lauter Vergnügen erwecken: weil sie vermöge aller Regeln der Vernunftlehre ungemein vollkommen seyn muß, und das Gefühl ihrer Vollkommenheit uns antreiben muß, sie zu begehren und zu erlangen. Wem es also gleichviel ist, ob er eine Sache gelehrt erkennt oder nicht, dessen gelehrte Erkentniß ist nicht lebendig.

§. 238. Die vernünftige und gelehrte Erkentniß muß, wenn sie vernünftig rühren soll, b) über den Gegen-

stand

ſtand entweder Vergnügen, oder Verdruß, oder beydes
zugleich erwecken, indem ſie uns denſelben entweder als
gut, oder als böſe, oder als beydes zugleich auf eine anſchauende Art vorſtellt.　Alsdenn enthält die gelehrte Erkentniß Bewegungsgründe §. 232, nicht nur ſie ſelbſt zu
begehren §. 237, ſondern auch ihren Gegenſtand entweder
zu begehren oder zu verabſcheuen.

§. 239.　Wenn die vernünftige und gelehrte Erkentniß uns vernünftig rühren ſoll, ſo muß ſie 3) uns auf eine
gelehrte Art vorſtellen, daß alles das Gute und alles das
Böſe, weswegen ſie uns vergnügt oder mißvergnügt macht,
in unſern folgenden Zuſtänden würklich ſeyn werde.

§. 240.　Wenn die vernünftige und gelehrte Erkentniß uns vernünftig rühren ſoll, ſo muß ſie uns 4) auf
eine gelehrte Art vorſtellen, daß es in unſerer Gewalt ſtehe,
oder ſtehen könne, das Gute wirklich zu machen, weswegen ſie uns vergnügt, und das Böſe zu verhindern, weswegen ſie uns ein Mißvergnügen verurſacht.

§. 241.　Wenn die gelehrte Erkentniß recht lebendig ſeyn ſoll, ſo muß ſie 1) kein Gleichgewicht verurſachen,
oder daſſelbe doch balde heben.　Wir ſtehen nemlich in einem
Gleichgewichte (aequilibrium), wenn die Bewegungsgründe von beyden Seiten gleich und einander entgegen geſetzt ſind; 2) das ſinnliche Leben der undeutlichen Erkentniß
überwiegen, oder dieſes muß ihr gar nicht widerſprechen.

§. 242.　Wenn die vernünftige und gelehrte Erkentniß recht lebendig iſt, ſo verurſacht ſie einen kräftigen
und dauerhaften Entſchluß, welcher durch die That aus-
bricht, indem wir würklich ſo handeln, wie es der gelehrten
Erkentniß gemäs iſt.

§. 243.　Das ächte Leben der gelehrten Erkentniß (vita vera cognitionis eruditae) beſteht in dem
wahren Gebrauche derſelben (uſus verus cognitionis
eruditae), wenn wir alle wahre Nutzen derſelben würken,
oder uns in der That durch ſie vollkommener machen.
Machen wir uns aber dadurch unvollkommener oder nur
dem

dem Scheine nach vollkommener, ſo beſteht darin ihr Miß-
brauch (abuſus cognitionis eruditae), und der iſt das unächte Leben derſelben (vita cognitionis eruditae ſpuria).
Eine vollkommene gelehrte Erkentniß muß auf eine ächte
Art lebendig ſeyn.

§. 244. Je mehrere und gröſſere Bewegungsgrün-
de eine gelehrte Erkentniß enthält, je beſſer ſie erkant werden, und je mehrere und gröſſere Begierden und Verabſcheuungen durch ſie erweckt werden, deſto lebendiger iſt
die gelehrte Erkentniß.

§. 245. Man muß nicht ſchlieſſen: 1) die gelehrte
Erkentniß, die mich nicht rührt, rührt auch andere nicht;
2) die mich rührt, rührt auch andere.

§. 246. Der Mangel des Lebens der gelehrten Erkentniß entſteht aus Unwiſſenheit §. 236. 240. 41. Nach
dem nun dieſelbe entweder nothwendig oder zufällig, lobenswürdig oder tadelnswürdig iſt §. 43. 50. 51, nach dem iſt
auch der Mangel des Lebens ſo beſchaffen. Es kan nicht
verlangt werden, daß alle gelehrte Erkentniß beſtändig
und im gleichen Grade rühre.

§. 247. Je gröſſer und practiſcher die Gegenſtände ſind, deſto ſtärker muß ihre gelehrte Erkentniß rühren;
ie kleiner und weniger practiſch ſie aber ſind, deſto weniger muß ihre gelehrte Erkentniß rühren §. 70. Alle unſere gelehrte Erkentniß muß uns in gewiſſer Abſicht rühren
§. 237.

§. 248. Ein ieder muß ſich zu ſeiner Hauptwiſſenſchaft denjenigen Theil der Gelehrſamkeit erwählen, welcher ſeiner Natur nach der allerlebendigſten gelehrten Erkentniß fähig iſt; und ein jeder muß ſeine Hauptwiſſenſchaft am lebendigſten zu erkennen ſuchen
§. 63. 64.

E 5   Der

Der achte Abſchnitt,
von den gelehrten Begriffen.

Inhalt.

§. 249.

Ein Begrif (conceptus) iſt eine Vorſtellung einer Sache in einem Dinge, welches das Vermögen zu denken beſitzt. Es ſind demnach alle unſere Vorſtellungen Begriffe.

§. 250. So viele verſchiedene Arten der Erkentniß es gibt, ſo viele verſchiedene Arten der Begriffe gibt es auch §. 249. Folglich ſind die Begriffe entweder gelehrte Begriffe (conceptus eruditus, logicus), oder nicht §. 21. Jener iſt ein deutlicher Begrif, welcher in einem merklichen Grade logiſch vollkommen iſt. Ein ungelehrter Begrif (conceptus ineruditus) iſt ein Begrif, der keinen merklichen Grad der logiſchen Vollkommenheit beſitzt. Und alsdenn iſt er entweder ein ſchöner Begrif, oder nicht. §. 19. Jener iſt ein äſthetiſcher Begrif, (conceptus pulcher, aestheticus), dieſer aber ein gemeiner (conceptus vulgaris). Ein gelehrter Begrif iſt entweder zugleich ſchön oder nicht. Der letzte iſt ein blos gelehrter Begrif (conceptus mere eruditus). Der erſte aber ein Begrif der nicht blos gelehrt iſt (conceptus non mere eruditus). Und dergleichen ſind die beſten Begriffe §. 32.

§. 251.

§. 251. Ein gelehrter Begrif muß den Regeln der Weitläuftigkeit, der Grösse, der Wahrheit, der Klarheit, der Gewißheit, und der practischen Beschaffenheit der gelehrten Erkentniß aufs möglichste gemäs seyn. §. 41, 248.

§. 252. Der Gegenstand der gelehrten Begriffe ist durch die Natur derselben nicht bestimt. Von einem iedweden möglichen Dinge ist ein gelehrter Begrif möglich §. 250.

§. 253. Ein ieder muß nur vornemlich diejenigen Begriffe nach der Vernunftlehre verbessern, die zu seiner Hauptwissenschaft gehören §. 64, und in einem iedweden Lehrgebäude vornemlich die Hauptbegriffe. Es ist nicht möglich und nöthig, alle unsere Begriffe nach der Vernunftlehre zu verbessern, und eben so wenig alle unsere gelehrten Begriffe in einem gleichen Grade zu verbessern. Je grösser ein Begrif ist, desto mehr muß man ihn verbessern §. 70.

§. 254. Wir haben nur drey Wege zu Begriffen zu gelangen: die Erfahrung, die Abstraction, und die willkührliche Verbindung.

§. 255. Alle unsere Empfindungen sind Begriffe §. 249. 201. Ein Erfahrungsbegrif (conceptus per experientiam formatus) ist ein Begrif, den wir durch die Erfahrung erlangen. Z. E. die Begriffe von den Veränderungen unserer Seele, unseres Körpers und anderer Dinge ausser uns. Einen Erfahrungsbegrif erlangen wir entweder durch die unmittelbare, oder durch die mittelbare Erfahrung §. 201.

§. 256. Durch die unmittelbare Erfahrung können wir nur Begriffe von wirklichen Dingen, in so ferne sie uns gegenwärtig sind, erlangen, und zwar enthalten diese Begriffe nur bejahende und veränderliche Merkmale. - Die mittelbaren Erfahrungsbegriffe können uns auch andere Gegenstände, und was anders an denselben, vorstellen §. 201.

§. 257. Weil die Erfahrungsbegriffe nur gelehrt seyn können, in so ferne sie deutlich sind §. 250, so muß man sie sorgfältig zergliedern §. 142. Und diese Arbeit wird ofte beför-

befördert 1) durch den Gebrauch der Waffen der Sinne, z. E. der Vergröſſerungsgläſer. 2) Durch die Anatomie der körperlichen Dinge, wodurch man die Theile und die Art ihrer Zuſammenſetzung erkennet. Und dadurch erlangt man den Begrif von dem Weſen eines körperlichen Dinges. 3) Durch die Aufmerkſamkeit auf dasjenige, woraus eine Sache entſteht und wie ſie entſteht, wenn man bey dem Entſtehen derſelben zugegen iſt, und daraus erlangt man auch Begriffe von dem Weſen. 4) Wenn man den Gegenſtand ofte in verſchiedenen Umſtänden zu erfahren ſucht: denn alsdenn entdeckt man die beſten Merkmale leichter, wodurch der Erfahrungsbegrif ausführlich wird.

§. 258. Alle Erfahrungsbegriffe ſind wahr und ge= wiß §. 202, und ſie ſtellen uns die Gegenſtände ſo vor, als ſie beſchaffen ſind, weil wir ſonſt Einwohner einer anderen Welt ſeyn würden. Wenn wir aber einen Begrif für einen Erfahrungsbegrif halten, der es nicht iſt, oder etwas für einen Gegenſtand des Erfahrungsbegrifs, welcher es nicht iſt: ſo ſcheint es zwar, als wenn der Erfahrungsbegrif falſch wäre, allein der Fehler ſteckt in einem andern Begriffe.

§. 259. Wir machen einen Begrif durch die logiſche Abſonderung (conceptus per abſtractionem logicam formatus), wenn wir übereinſtimmende Begriffe von verſchiedenen Dingen gegen einander halten, und die Merkmale, die ſie mit einander gemein haben, allein uns deutlich vorſtellen. Zu dem Ende 1) nehme man einige Begriffe, die verſchieden ſind und ähnlich zu gleicher Zeit. Z. E. ein vernünftiges Thier und ein unvernünftiges Thier; 2) einen jeden derſelben zergliedere man §. 142; 3) die in ihnen verſchiedenen Merkmale abſtrahire man, oder man verdunkele ſie; 4) die übrigen Merkmale faſſe man in einen Begrif zuſammen, z. E. ein Thier.

§. 260. Alle Begriffe, welche durch die logiſche Abſonderung gemacht werden, ſind abgeſonderte oder abſtracte Begriffe (conceptus abſtractus, notio). Begriffe, die nicht abgeſondert ſind, heiſſen einzelne Begriffe

griffe (conceptus singularis, idea). Z. E. Leibniß. Alle unmittelbare Erfahrungsbegriffe sind einzelne Begriffe §. 255. 201. Was als ein Merkmal des andern vorgestelt wird, ist in ihm enthalten und komt ihm zu (in altero contineri, ipsi conuenire). Der abgesonderte Begrif ist also in allen denen Begriffen enthalten, von denen er abgesondert werden kan §. 259. Der abgesonderte Begrif enthält diejenigen unter sich, von denen er abgesondert worden, und diese werden unter ihm enthalten (conceptus alios sub se continet, et conceptus sub alio continentur seu ad eum referuntur).

§. 261. Ein abgesonderter Begrif wird ein höherer Begrif (conceptus superior) genant, in so ferne er andere unter sich enthält; in so ferne aber ein Begrif unter einem andern enthalten ist, in so ferne wird er ein niedriger Begrif genannt (conceptus inferior). Der niedrigere Begrif enthält allemal Merkmale, welche in dem höhern nicht enthalten sind §. 259, und die werden der Unterschied der niedrigern Begriffe genannt (differentia conceptus inferioris). Ein abgesonderter Begrif, welcher nur einzelne Begriffe unter sich begreift, heißt eine Art (species), welcher aber auch abgesonderte Begriffe unter sich enthält, wird eine Gattung (genus) genannt.

§. 262. Der Inbegrif aller Begriffe, die unter einem abgesonderten Begriffe enthalten sind, ist der Umfang desselben (sphaera notionis). Je abstracter und höher also ein Begrif ist, das ist: ie öfter die logische Absonderung bey ihm wiederholt ist, desto grösser ist sein Umfang. Ein abgesonderter Begrif komt entweder mehrern Begriffen zu, als denenjenigen, die unter einem andern enthalten sind, oder wenigern, oder keins von beiden. In dem ersten Falle ist er ein weiterer Begrif als der andere (conceptus latior), in dem andern, ein engerer (conceptus angustior), und in dem dritten sind es Wechselbegriffe (conceptus reciproci), von denen keiner weiter ist als der andere. In so ferne ein abgesonderter Begrif

allen

allen zukomt, die unter einem andern enthalten ſind, in ſo
ferne heißt er ein algemeiner Begrif (conceptus vniuerſalis), in ſo ferne er aber nicht allen denſelben zukomt, ein
beſonderer (conceptus particularis). Ein abgeſonderter
Begrif kan ein höherer und niedrigerer, weiterer und engerer, algemeiner und beſonderer Begrif in verſchiedener
Abſicht genant werden. Ein jeder abgeſonderter Begrif
iſt in gewiſſer Abſicht allgemein. Die abſtracte gelehrte
Erkentniß wird daher die allgemeine gelehrte Erkentniß genant (cognitio erudita vniuerſalis).

§. 263. Bey der allgemeinen Erkentniß kan man
1) ſchlieſſen: was den höhern Begriffen zukomt oder widerſpricht, das komt auch zu, oder widerſpricht allen niedrigern Begriffen, die unter ihnen enthalten ſind. §. 260.
2) Man kan nicht ſchlieſſen: was einem niedrigern Begriffe zukomt oder widerſpricht, das komt auch zu oder widerſpricht andern niedrigern Begriffen, welche mit jenem zu
einem höhern Begriffe gehören. §. 261. 3) Man kan
ſchlieſſen: was allen und jedweden niedrigern Begriffen
zukomt oder widerſpricht, das komt auch zu oder widerſpricht ihrem höhern Begriffe §. 259. 261.

§. 264. Die abſtracte Erkentniß befördert 1) die
Deutlichkeit und Vollſtändigkeit der Erkentniß §. 143.
Denn ie abſtracter ſie iſt, deſto weniger enthält ſie in ſich
§. 259, und deſto leichter kan ſie ohne viele Verwirrung
durchdacht werden; 2) die Weitläuftigkeit der Erkentniß
§. 263. 25. 3) Die Gründlichkeit der Erkentniß §. 263.
163. 4) Den Nußen und den Gebrauch der gelehrten
Erkentniß §. 39.

§. 265. Ein abgeſonderter Begrif enthält nichts,
was nicht in den niedrigern Begriffen enthalten iſt §. 259,
ſind dieſe alſo wahr, ſo kan er unmöglich falſch ſeyn. Wenn
man alſo einen abgeſonderten Begrif beweiſen will, ſo darf
man nur zeigen, daß er von wahren Begriffen abgeſondert
worden. Wenn man von einem falſchen Begriffe die

Merk-

Merkmale abſondert, welche den übrigen widerſprechen, ſo bekomt man einen wahren Begrif §. 95.

§. 266. Ein Begrif wird durch die gelehrte will-kührliche Verbindung gemacht (combinatio conceptu-um arbitraria, logica, erudita, philoſophica, rationalis,) wenn man zwey Begriffe als Einen ſich vorſtelt, von denen man auf eine gelehrte Art erkant, daß ſie einander nicht zuwider ſind. Zu dem Ende nehme man 1) einen abge-ſonderten Begrif, man mag ihn nun entweder ſchon längſt abgeſondert haben, oder jetzo erſt abſondern; 2) einen Un-terſchied eines niedrigern Begrifs, von dem wir entweder ſchon überzeugt ſind, oder nachher erſt überzeugt werden, daß er dem abgeſonderten Begriffe nicht widerſpreche. Dieſer Unterſchied iſt entweder durch die Abſonderung von dem abſtracten Begriffe weggelaſſen worden, oder nicht. In dem erſten Falle bekommen wir einen niedrigern Begrif, von welchem wir den abſtracten abgeſondert haben; in dem andern aber einen neuen niedrigern Begrif; 3) man ſtelle ſich den abſtracten Begrif, mit dieſem Unterſchiede zu-ſammen genommen, als Einen Begrif vor.

§. 267. Ein gelehrter Begrif, welcher durch die willkührliche Verbindung gemacht worden, muß bewieſen oder widerlegt werden. Beydes geſchieht 1) aus der Er-fahrung, wenn man zeigt, daß ihre Gegenſtände entweder würklich ſind, oder nicht würklich ſind; 2) aus der Ver-nunft, entweder mittelbarer oder unmittelbarer Weiſe §. 196. Z. E. wenn man entweder zeigt, daß, und wie ihre Gegen-ſtände würklich werden können, oder daß ſie nicht würklich werden können.

§. 268. Eine Erklärung, oder eine logiſche Erklärung (definitio, definitio logica) iſt ein beſtimter Begrif von einer Sache. Der Gegenſtand der Erklärung iſt die erklärte Sache, oder der erklärte Begrif (defi-nitum) §. 151.

§. 269. Eine Beſchreibung (deſcriptio) iſt ein unbeſtimter Begrif, und ſie iſt entweder eine ausführliche

liche oder eine unausführliche Beſchreibung §. 151.
(deſcriptio completa vel incompleta). Keine Beſchreibung iſt eine Erklärung, und muß noch vielweniger dafür
gehalten werden §. 268. Unterdeſſen können ſie ſehr vollkommene, nützliche und nöthige gelehrte Begriffe ſeyn.

§. 270. Die Erklärungen müſſen ſechs Regeln gemäs ſeyn: 1) *Eine Erklärung muß den Regeln der
Weitläuftigkeit der gelehrten Erkentniß gemäs ſeyn.*
§. 41-65. Folglich muß ſie ein ausführlicher Begrif ſeyn.
§. 268. 151. 55. Folglich a) muß ſie nicht weniger Merkmale in ſich enthalten, als zu einem ausführlichen Begriffe
erfodert werden; auch nicht b) mehrere, als nöthig ſind.
§. 269. Mithin muß die Erklärung, unter allen möglichen ausführlichen Begriffen von einer Sache, der aller-
kürzeſte ſeyn, das iſt: ſo wenig Merkmale enthalten, als
es die Ausführlichkeit erlaubt. c) Sie muß nicht weiter
ſeyn als die erklärte Sache §. 262, folglich müſſen ihre
Merkmale zuſammen genommen, keinem andern Dinge,
als ganz allein der erklärten Sache, zukommen. d) Sie
muß nicht enger ſeyn als die erklärte Sache. §. 262. Folglich ſind, der erklärte Begrif und die Erklärung, Wechſelbegriffe §. 262.

§. 271. Wenn man in einem Lehrgebäude die höhern Begriffe eher erklärt als die niedrigen, ſo kan man,
wenn man einen Begrif erklären ſoll, der nicht der höchſte
iſt, die Erklärung deſſelben aus dem nächſten höhern Begriffe und aus dem Unterſchiede zuſammenſetzen §. 261.
Dadurch werden die Erklärungen kurz und ausführlich,
die Erklärungen hängen ſyſtematiſcher zuſammen, ſie ſind
der Natur der niedrigern Begriffe gemäſſer, und ſie bahnen einen leichtern Weg zu den Demonſtrationen.

§. 272. Weil der erklärte Begrif und die Erklärung Wechſelbegriffe ſind §. 270, ſo kan man ſchlieſſen:
1) Wem der erklärte Begrif zukomt, dem komt auch die
Erklärung zu; 2) wem die Erklärung zukomt, dem komt
auch der erklärte Begrif zu; 3) wem der erklärte Begrif

nicht

nicht zukomt, dem komt auch die Erklärung nicht zu;
4) wem die Erklärung nicht zukomt, dem komt auch der
erklärte Begrif nicht zu §. 262.

§. 273. 2) Eine Erklärung muß den Regeln
der Grösse der gelehrten Erkentniß gemäs seyn.
§. 66:91. Sie muß also aus den grösten, wichtigsten
und fruchtbarsten Merkmalen bestehen, aus dem Wesen,
wesentlichen Stücken und Eigenschaften, und so ofte es
möglich, aus bejahenden Merkmalen §. 115:121. Es ist
also ein Fehler a) wenn eine Erklärung aus zufälligen Beschaffenheiten besteht; alsdenn würde sie nicht einmal ein
ausführlicher Begrif seyn §. 121. b) Wenn sie aus Ver-
hältnissen besteht; alsdenn wäre sie auch kein ausführlicher
Begrif. §. 121. c) Wenn sie ohne Noth aus verneinenden Merkmalen besteht. Wenn man in einem Lehrgebäude einander entgegengesetzte Begriffe erklären soll, so muß
aus den Erklärungen die Entgegensetzung erhellen, und
also muß einer von beiden verneinend erklärt werden.

§. 274. 3) Eine Erklärung muß den Regeln
der Wahrheit der gelehrten Erkentniß gemäs seyn.
§. 92:114. Die Wahrheit der Erklärungen erfodert noch
überdis, daß sie allen Regeln gemäs seyn müssen, die man
bey den Erklärungen beobachten muß. Eine regelmäßi-
ge Erklärung (definitio legitima) ist allen Regeln der
Erklärungen gemäs, welche aber einer oder mehrern dieser
Regeln zuwider ist, ist eine regellose Erklärung (definitio illegitima).

§. 275. 4) Eine Erklärung muß allen Regeln
der Deutlichkeit der gelehrten Erkentniß gemäs
seyn. §. 115:154. Doch kan sie ein unvollständiger Begrif
seyn. §. 147. Da nun alle ihre Merkmale klar seyn müssen §. 137, so kan man dieselben entweder theils aus dem
gemeinen Leben, theils aus andern Lehrgebäuden als klar
voraus setzen; oder man muß sie erst erklären, ehe man sie
als Merkmale in die Erklärung setzt §. 268.

F   §. 276.

§. 276.   Wenn eine Erklärung ſchlechterdings dunkel iſt, oder ſchlechterdings dunkele Merkmale hat, ſo iſt ſie
gar keine Erklärung §. 275. 125.   Iſt ſie aber nur beziehungsweiſe dunkel, oder enthält ſie Merkmale, die nur
beziehungsweiſe dunkel ſind, ſo kan ſie zwar eine gute
Erklärung ſeyn, aber nicht für denjenigen, dem ſie dunkel
iſt §. 125.

§. 277.   Der erklärte Begrif iſt nicht klärer, als
er ſelbſt iſt.   Damit alſo die Erklärung nicht dunkel und
undeutlich werde §. 275, muß man ſich hüten, damit der
erklärte Begrif weder als ein unmittelbares noch als ein
mittelbares Merkmal in ſeine eigene Erklärung geſetzt werde §. 116.   Wenn das letzte geſchieht, ſo nent man dieſen
Fehler die Wiederkehr im Erklären (circulus in de-
finiendo).

§. 278.   5) Eine Erklärung muß den Regeln
der Gewisheit der gelehrten Erkentniß gemäs ſeyn
§. 155 : 215.   Folglich muß man bey einer iedweden Erklärung beweiſen, a) daß ſie entweder ein richtiger Erfahrungsbegrif ſen §. 258, oder ein richtiger abgeſonderter §.
265, oder ein richtiger willführlicher Begrif §. 267, b) daß
ſie regelmäßig ſen §. 274.

§. 279.   6) Eine Erklärung muß den Regeln
der practiſchen gelehrten Erkentniß gemäs ſeyn
§. 216 : 248.   Folglich muß man die wichtigſten und frucht-
barſten Merkmale zu einer Erklärung erwählen, aus welchen aufs leichteſte das nützlichſte und brauchbarſte erwieſen werden kan, was wir von der erklärten Sache unterſuchen müſſen, um dieſelbe auf eine practiſche Art zu erkennen.

§. 280.   Eine Erklärung ſtelt entweder das Weſen
der erklärten Sache vor, oder nicht §. 273. Jene iſt eine
Sacherklärung (definitio realis, genetica), dieſe aber
eine Worterklärung (definitio nominalis).   Eine Worterklärung enthält entweder die weſentlichen Stücke der
erklärten Sache, oder ihre Eigenſchaften §. 732.   Jene iſt
eine

eine wesentliche Worterklärung (definitio essentialis), diese aber eine zufällige Worterklärung (definitio accidentalis).

§. 281. Wenn man eine Sacherklärung machen will, so 1) suche man das Wesen der erklärten Sache zu erkennen, entweder durch die mittelbare Erfahrung, z. E. §. 257. oder durch die Absonderung, oder durch einen Beweis aus der Vernunft, oder durch die willkührliche Verbindung; 2) man mache von dem Wesen einen bestimten Begrif §. 280.

§. 282. Wenn man eine Worterklärung machen will, so suche man 1) die wesentlichen Stücke oder Eigenschaften der zu erklärenden Sache zu erkennen, entweder aus der mittelbaren Erfahrung §. 256, oder durch einen Beweis aus der Vernunft, oder aus dem Wesen, wenn es uns schon bekant ist. 2) Man suche diejenigen wesentlichen Stücke und Eigenschaften, und so viele derselben aus, als zu einer vollkommenen regelmäßigen Erklärung nöthig sind §. 270=279.

§. 283. Weil die zu erklärenden Sachen viele wesentliche Stücke und Eigenschaften haben können, so kan man nach Wohlgefallen diejenigen aussuchen, die eine Worterklärung ausmachen §. 282; wenn man nur übrigens die Regeln der Erklärungen beobachtet. Und in so ferne sind die Worterklärungen willkührlich.

§. 284. Gleichwie wir nicht alle Begriffe erklären können §. 139. 150. 268, so dürfen wir auch nicht alle Begriffe erklären, sondern nur diejenigen, die in den Horizont unserer gelehrten Erkentniß gehören, und ohne deren Erklärung unsere gelehrte Erkentniß nicht den erfoderten Grad ihrer Vollkommenheit erreichen könte. Die Ausschweifung im Erklären wird die Erklärungssucht genant (pruritus definiendi).

§. 285. Die logische Eintheilung der Begriffe (diuisio logica) besteht in einer deutlichen Vorstellung aller niedrigern Begriffe, die einander entgegengesetzt sind,

und

und die unter einem und eben demſelben höhern Begriffe
enthalten ſind. Dieſer höhere Begrif heißt der eingetheilte Begrif (diuiſum), und, die niedrigern Begriffe,
die Glieder der Eintheilung (membra diuidentia).
Wenn man demnach eine logiſche Eintheilung machen will:
1) ſo nehme man einen abgeſonderten Begrif; 2) man er-
finde alle Unterſchiede ſeiner niedrigern Begriffe, die einander entgegengeſetzt ſind; 3) dieſe Unterſchiede verbinde
man nach und nach, durch eine Entgegenſetzung, mit dem
höhern Begriffe. Z. E. alle Begriffe ſind entweder dunkele oder klare Begriffe.

§. 286. Eine Eintheilung eines Gliedes der Eintheilung wird eine Untereintheilung (ſubdiuiſio) genant, und verſchiedene Eintheilungen eines Begrifs, welche in verſchiedener Abſicht gemacht werden, heiſſen Nebeneintheilungen (codiuiſiones). Es iſt vor ſich klar,
was der eingetheilte Begrif der Untereintheilung
(ſubdiuiſum), und der Nebeneintheilungen (codiuiſum)
ſey; desgleichen was die Glieder der Untereintheilung
(membra ſubdiuidentia), und der Nebeneintheilungen
(membra codiuidentia) ſind.

§. 287. Wenn eine logiſche Eintheilung richtig
ſeyn ſoll, ſo muß 1) der eingetheilte Begrif nicht weiter ſeyn, als die Glieder der Eintheilung, wenn ſie
durch eine Entgegenſetzung (disiunctiue) zuſammen
genommen werden; oder es muß kein Glied der Eintheilung ausgelaſſen werden, weil ſonſt nicht alle niedrigere
Begriffe, die einander entgegengeſetzt ſind, würden angeführt ſeyn §. 285. 262. 2) Der eingetheilte Begrif muß
nicht enger ſeyn, als die Glieder der Eintheilung,
wenn ſie durch eine Entgegenſetzung zuſammen genommen werden §. 262. Sonſt würde man unter die
Glieder der Eintheilung einen Begrif mengen, welcher kein
niedriger Begrif des eingetheilten Begrifs iſt §. 285.
Folglich ſind der eingetheilte Begrif, und die Glieder der
Eintheilung, wenn ſie durch eine Entgegenſetzung zuſam-

men

men genommen werden, Wechselbegriffe §. 262, und die
Eintheilung muß den eingetheilten Begrif erschöpfen.

§. 288. 3) Die Glieder der Eintheilung müssen so entgegengesetzt seyn, daß keins dem andern
zukomt §. 285. 260. 4) Der eingetheilte Begrif muß
keinem Gliede der Eintheilung widersprechen:
denn er ist in ihm enthalten §. 285. 260. 5) Die Glieder
der Untereintheilung müssen nicht, unter die Glieder
der Eintheilung, gesetzt werden: sonst würden nicht
alle Glieder einander entgegen gesetzt seyn n. 3. 4. §. 286.
6) Die Zahl der Glieder der Eintheilung muß blos
durch die Natur des eingetheilten Begrifs, und
der Absicht, in welcher er eingetheilt wird, bestimt
werden.

§. 289. Wem der eingetheilte Begrif zukomt, dem
komt auch Ein Glied der Eintheilung zu; wem Ein Glied
der Eintheilung zukomt, dem komt auch der eingetheilte
Begrif zu; wem der eingetheilte Begrif nicht zukomt, dem
komt keins von den Gliedern der Eintheilung zu; wem
keins von den Gliedern der Eintheilung zukomt, dem komt
auch der eingetheilte Begrif nicht zu §. 287.

§. 290. Die logischen Eintheilungen 1) befördern
die Erfindung gelehrter Begriffe durch die willkührliche Verbindung §. 285. 266. 2) Dienen uns, um unsere abgesonderten Begriffe in eine gehörige Ordnung und Verbindung
zu setzen, und sie desto leichter zu behalten; 3) überzeugen
uns von der Allgemeinheit unserer abstracten Erkentniß.

§. 291. Man muß sich bey den Eintheilungen in
acht nehmen, daß man sie, nebst ihren Untereintheilungen,
nicht zu sehr häufe, weil sonst eine grosse Verwirrung entsteht; und man muß bey denselben alles gezwungene Wesen verhüten.

Der neunte Abſchnitt,
von den gelehrten Urtheilen.

Inhalt.

§. 292.

Begriffe, die einander zukommen §. 260, ſtimmen mit einander überein; die aber einander nicht zukommen, ſind einander zuwider, oder ſtreiten mit einander (repugnare). Die Uebereinſtimmung und der Streit mehrerer Begriffe ſind die logiſchen Verhältniſſe der Begriffe (logica conceptuum relatio). Ein Urtheil (iudicium) iſt eine Vorſtellung eines logiſchen Verhältniſſes einiger Begriffe; und in ſo ferne von demſelben alles abgeſondert wird, ohne welchem die Wahrheit deſſelben gelehrt erkant werden kan, wird es ein logiſches Urtheil (iudicium logicum) genennet, welches ein gelehrtes Urtheil (iudicium eruditum) iſt, wenn es allen Regeln der gelehrten Erkentniß, ſo viel als möglich iſt, gemäs iſt.

§. 293.

§. 293. Derjenige Begrif, von welchem wir uns in einem Urtheile vorstellen, daß ihm ein anderer zu oder nicht zukomme, ist das Subject (subiectum); der andere im Gegentheil, von dem wir uns vorstellen, daß er dem Subjecte zu oder nicht zukomme, ist das Prädicat (praedicatum). Die Vorstellung der Uebereinstimmung mehrerer Begriffe ist der Verbindungsbegrif (copula). Die Verneinung (negatio) ist die Vorstellung der Abwesenheit einer Sache, und die Vorstellung der Abwesenheit des Verbindungsbegrifs ist die Verneinung des Verbindungsbegrifs (negatio copulae). Sie ist also die Vorstellung des Streits des Prädicats mit dem Subjecte §. 292.

§. 294. In einem logischen Urtheile stellen wir uns entweder vor, daß das Prädicat dem Subjecte zukomme, oder nicht zukomme §. 292. 293. Jenes ist ein bejahendes Urtheil (iudicium affirmans, affirmatiuum), dieses ein verneinendes (iudicium negans, negatiuum). Z. E. die Seele kan denken, die Materie kan nicht denken. In einem verneinenden Urtheile ist die Verneinung des Verbindungsbegrifs §. 293. Und wenn in einem Urtheile entweder in dem Subjecte oder Prädicate, oder in beyden zugleich eine Verneinung ist, wenn nur der Verbindungsbegrif nicht verneinet wird, so ist es ein bejahendes Urtheil, welches ein unendliches Urtheil genennet wird (iudicium infinitum). Man kan also alle verneinende Urtheile in bejahende verwandeln, wenn man die Verneinung von dem Verbindungsbegriffe weg zum Prädicate setzt. Z. E. die Seele ist nicht sterblich, die Seele ist unsterblich. Die Beschaffenheit der Urtheile (qualitas iudicii) besteht in ihrer Bejahung und Verneinung.

§. 295. Ein bejahendes Urtheil ist wahr, wenn das Prädicat dem Subjecte zukomt, und zwar eben so, als jenes von diesem bejahet wird; es ist aber falsch, wenn das Prädicat dem Subjecte nicht zukomt, wenigstens auf die Art ihm nicht zukomt, als es von ihm bejahet wird. Ein

ver-

verneinendes Urtheil iſt wahr, wenn das Prädicat dem
Subjecte nicht zukomt, und zwar ſo, wie es von ihm verneinet wird; es iſt aber falſch, wenn das Prädicat dem
Subjecte zukomt, wenigſtens nicht ſo zuwider iſt, wie es
von ihm verneinet wird §. 294. 99.   Wenn ein wahres
Urtheil für falſch, und ein falſches für wahr gehalten wird,
ſo iſt es ein irriges Urtheil §. 109.

§. 296.   Die Wahrheit und Unrichtigkeit eines Urtheils ſteckt in dem Verbindungsbegriffe und in der Verneinung deſſelben §. 295. 293.   Folglich kan 1) das Subject und Prädicat eines falſchen Urtheils wahr ſeyn; 2) das
Subject und Prädicat eines wahren bejahenden Urtheils
falſch ſeyn; 3) das Subject wahr und das Prädicat falſch,
oder umgekehrt, in einem wahren verneinenden Urtheile, ſeyn.

§. 297.   Alle wahre Urtheile haben einen Grund
und einen hinreichenden Grund ihrer Wahrheit §. 16.
Dieſer Grund wird die Bedingung der Urtheile genennet (hypotheſis, conditio iudicii).   Folglich kan aus
derſelben die Wahrheit und Unrichtigkeit der Urtheile erkant
werden.   Sie iſt demnach das Kennzeichen und der Beweisthum der Wahrheit §. 94. 191.

§. 298.   Die Bedingungen der Urtheile ſind 1) entweder zureichende oder unzureichende Bedingungen §. 297.
119. 191; 2) entweder innerliche oder äuſſerliche Bedingungen §. 297. 94; 3) entweder ſchlechterdings nothwendige oder zufällige Bedingungen.   Jene ſind das Weſen, die
weſentlichen Stücke, die Eigenſchaften oder die Erklärung
des Subjects, und dieſe ſeine zufälligen Beſchaffenheiten
und Verhältniſſe §. 297. 121. 273.   Wenn die zufällige
Bedingung eines Urtheils mit dem Subjecte deſſelben verbunden wird, ſo wird ſie die Beſtimmung oder Einſchränkung des Urtheils genennet (determinatio et li-
mitatio iudicii).

§. 299.   Wenn die Bedingung eines Urtheils 1) eine innerliche, ſchlechterdings nothwendige und zureichende

Bedin-

Bedingung ist, so ist sie von dem Subjecte unzertrennlich. Man mag sie also gedenken oder nicht, so ist sie doch da, und folglich komt auch das Prädicat dem Subjecte zu oder nicht, nachdem es entweder bejahet oder verneinet. Die Wahrheit erfodert alsdenn nicht, daß man diese Bedingung mit dem Urtheil verbinde §. 295. Ist sie aber 2) eine zufällige Bedingung, so ist sie bald da, bald nicht da, und das Urtheil würde bald wahr, bald nicht wahr seyn. Es erfodert es demnach die Wahrheit, daß man diese Bedingungen mit dem Urtheile verbinde. Ein bestimtes Urtheil (iudicium determinatum, limitatum) ist ein Urtheil, welches eine Bestimmung hat; ein Urtheil, welches nicht bestimt ist, ist ein unbestimtes Urtheil (iudicium indeterminatum, illimitatum).

§. 300. Die Zergliederung eines Urtheils (analysis, resolutio iudicii) besteht darin, wenn man nach und nach auf alle Theile desselben achtung gibt. Alle Urtheile können zergliedert werden §. 139, und durch diese Arbeit findet man nicht nur die Beweise der Urtheile §. 297; sondern man lernt sie auch recht fassen, und andern vortragen.

§. 301. Das Subject eines Urtheils ist entweder ein einzelner oder ein abstracter Begrif §. 293. 260. Jenes ist ein einzelnes (iudicium singulare), dieses ein gemeines Urtheil (iudicium commune); welches das Prädicat entweder von allen unter dem Subjecte enthalten, oder von einigen bejahet oder verneinet. Jenes ist ein allgemeines (iudicium vniuersale), dieses ein besonderes Urtheil (iudicium particulare). Das letzte ist entweder zugleich allgemein wahr, ein nicht blos besonderes Urtheil (iudicium non tantum particulare), oder nicht, ein blos besonderes Urtheil (iudicium tantum particulare). Alle diese Urtheile bejahen entweder, oder verneinen §. 294. Die allgemein bejahenden Urtheile heißen A; die allgemein verneinenden E; die besonders bejahenden J; und die besonders verneinenden O. Das Prädicat aller allgemeinen Urtheile ist, in Absicht auf das

Sub-

Subject, ein allgemeiner Begrif, weil die verneinenden in bejahende können verwandelt werden §. 294. 262. Und weil ſo wol in den einzeln, als auch in den allgemeinen Urtheilen, geurtheilt wird, daß das Prädicat dem ganzen Subjecte zukomme oder nicht; ſo kan man die einzeln Urtheile zu den allgemeinen rechnen. In ſo ferne ein Urtheil entweder ein einzelnes oder ein gemeines iſt, in ſo ferne ſchreibt man ihm eine Gröſſe zu (quantitas iudicii).

§. 302. Ein allgemein bejahendes Urtheil iſt wahr, wenn das Prädicat allen unter dem Subjecte enthaltenen zukomt §. 301. 295. Es iſt alſo falſch, wenn das Prädicat keinem einzigen unter dem Subjecte enthaltenen zukomt, oder einigen, oder doch nur einem einzigen derſelben nicht zukomt. Ein allgemein verneinendes Urtheil iſt wahr, wenn das Prädicat allen unter dem Subjecte enthaltenen zuwider iſt §. 301. 295. Es iſt alſo falſch, wenn das Prädicat allen unter dem Subjecte enthaltenen, oder einigen derſelben, oder auch nur einem einzigen derſelben zukomt.

§. 303. Wenn die zureichende Bedingung eines gemeinen Urtheils 1) in dem Subjecte ſchlechterdings nothwendig iſt, ſo iſt ſie von demſelben unzertrennlich, und befindet ſich, wo ſich das Subject befindet, folglich in allen unter ihm enthaltenen §. 263. Alſo iſt alsdenn das Urtheil allgemein wahr, denn wo die Bedingung iſt, da iſt auch das Prädicat §. 299. Wenn daher ein Prädicat von einem abſtracten Begriffe um ſeines Weſens, oder weſentlichen Stücks, oder Eigenſchaft, oder Erklärung willen bejahet oder verneinet wird, ſo iſt das Urtheil allgemein wahr §. 298. 299. 2) Wenn die Bedingung eine Beſtimmung iſt, ſo wird ſie ſchlechterdings nothwendig, ſo bald ſie mit dem Subjecte verbunden wird, weil von demſelben dadurch alle Dinge ausgeſchloſſen werden, denen dieſe Beſtimmung nicht zukomt §. 299. Und alſo iſt das beſtimte Urtheil allgemein wahr.

§. 304. Ein Urtheil hat entweder nur Ein Subject und Ein Prädicat, oder mehrere. Jenes iſt ein einfaches

Urtheil (iudicium simplex), dieſes aber ein zuſammenge-
ſeßtes (iudicium compoſitum). Wenn das Subject und
Prädicat aus mehrern Begriffen zuſammengeſeßt ſind, ſo
werden entweder einige derſelben um der übrigen willen gedacht, oder es wird keiner um des andern willen gedacht.
In dem erſten Falle ſind die Begriffe, um welcher willen
die übrigen gedacht worden, die Hauptſubjecte und
Hauptprädicate (ſubiectum et praedicatum principale),
und die übrigen die Nebenſubjecte und Nebenprädi-
cate (ſubiectum et praedicatum minus principale). In
dem andern Falle iſt, das zuſammengeſeßte Urtheil, ein
Verbindungsurtheil (iudicium copulatiuum).

§. 305. Ein Urtheil, welches bejahet, daß aus der
Bedingung ein Urtheil folge, ohne daß jene oder dieſes für
wahr oder falſch ausgegeben wird, iſt ein bedingtes Urtheil (iudicium hypotheticum, conditionale). Die Bedingung der bedingten Urtheile heißt das erſte, oder vor-
hergehende (prius, antecedens), das Urtheil aber, welches aus ihr folgt, das leßte oder nachfolgende (po-
ſterius, conſequens). Es ſind demnach nicht alle Urtheile bedingt, die eine Bedingung haben §. 297.

§. 306. Zur Wahrheit der bedingten Urtheile wird
nicht erfodert, daß das erſte und leßte wahr ſey; ſondern
daß es eine richtige Folge habe, oder daß das erſte der hinreichende Grund der Wahrheit des leßten ſey. In dem
entgegengeſeßten Falle iſt das bedingte Urtheil falſch
§. 305. 295.

§. 307. Ein disjunctives Urtheil (iudicium
disiunctiuum) iſt ein Urtheil, welches bejahet, daß unter
mehrern Urtheilen eins wahr und die übrigen falſch ſind,
doch dergeſtalt, daß nicht beſtimt wird, welches wahr und
welches falſch iſt. Die mehrern Urtheile, aus denen es
zuſammengeſeßt iſt, heiſſen die Glieder der Disjunction, oder der Entgegenſeßung (membra disiunctionis,
disiunctiua), z. E. die Seele iſt entweder einfach, oder
zuſammengeſeßt.

§. 308.

§. 308. Wenn ein disjunctives Urtheil wahr ſeyn ſoll, ſo müſſen ſich die Glieder der Disjunction eben ſo gegen einander verhalten, als man in demſelben ſich vorſtelt §. 295. Folglich 1) müſſen nicht mehr Glieder als eins wahr ſeyn. Wenn alſo alle Glieder oder auch nur zweye wahr ſind zu gleicher Zeit, ſo iſt das Urtheil falſch; 2) Ein Glied muß nothwendig wahr ſeyn; wenn alſo alle Glieder falſch ſind, oder eins nur zufälliger Weiſe wahr iſt, ſo iſt das Urtheil falſch; 3) kein Glied muß ausgelaſſen werden, denn wenn das ausgelaſſene auch falſch wäre, ſo würde doch aus der Disjunction nicht erhellen, daß unter den angeführten Eins nothwendig wahr ſey §. 307.

§. 309. Die Vorſtellung der Art und Weiſe, wie das Prädicat dem Subjecte zu oder nicht zukomt, iſt die Beſtimmung des Verbindungsbegrifs und der Verneinung deſſelben (modus formalis). Ein Urtheil hat entweder eine ſolche Beſtimmung, oder nicht. Jenes iſt ein unreines (iudicium modale, modificatum, complexum qua copulam), dieſes aber ein reines Urtheil (iudicium purum), z. E. dieſe Welt iſt nothwendig da; ſie iſt nicht nothwendig da. Bey der Wahrheit der unreinen Urtheile muß man ſonderlich, auf die Beſtimmung des Verbindungsbegrifs und der Verneinung deſſelben, achtung geben.

§. 310. Ein Urtheil, welches aus einem bejahenden und verneinenden auf eine ſehr verſteckte Art zuſammengeſetzt iſt, heißt ein exponibeles Urtheil (iudicium exponibile). Wenn es wahr ſeyn ſoll, ſo müſſen beyde Urtheile richtig ſeyn, und man muß demnach, um ſich davon zu verſichern, daſſelbe zergliedern. Z. E. GOtt allein iſt ſchlechterdings unſterblich.

§. 311. Die Urtheile, welche zu gleicher Zeit den Zuſtand des Gemüths in Abſicht auf ein gewiſſes Urtheil vorſtellen, ſind Urtheile die nicht logiſch ſind (iudicia non logica). Zum Exempel: O wie ſehr betrügt ſich der Sünder! Solche Urtheile ſind ſehr practiſch, und damit
die

die gelehrte Erkentniß nicht blos gelehrt werde, so muß man sich hüten, daß nicht alle gelehrte Urtheile einfach oder blos logisch seyn.

§. 312. Alle gelehrten Urtheile sind entweder Erwegungsurtheile (iudicia theoretica), oder Uebungsurtheile (iudicia practica) §. 217. Diese urtheilen, daß etwas gethan oder gelassen werden solle, z. E. wir müssen die Gesetze beobachten; jene aber nicht, z. E. die Tugend macht uns glückselig.

§. 313. Alle gelehrte Urtheile sind entweder erweisliche (iudicia demonstratiua), oder unerweisliche Urtheile (iudicia indemonstrabilia). Dieser ihre Wahrheit erhellet aus ihnen selbst, so bald wir sie deutlich erkennen; jene aber können ohne Beweis nicht gewiß seyn §. 192.

§. 314. Das Prädicat eines bejahenden Urtheils ist entweder mit dem Subjecte einerley, oder es ist von ihm verschieden. Jenes ist ein leeres Urtheil (iudicium identicum), welches entweder ganz leer ist (iudicium ex toto identicum), oder eines Theils (iudicium ex parte identicum). Das Prädicat des erstern ist von dem Subjecte gar nicht verschieden, das Prädicat des letztern aber ist nur ein Theil des Subjects. Weil kein Begrif sich selbst zuwider ist, so erkennen wir die Wahrheit aller leeren Urtheile, so bald wir sie verstehen §. 295; sie sind also unerweislich §. 313. Wenn ein Urtheil nicht leer ist, so muß man befürchten, daß zwischen dem Subjecte und Prädicate eine so grosse Verschiedenheit seyn könne, daß sie einander nicht zukommen. Folglich sind sie nicht unerweislich, und es gibt also, ausser den leeren, keine unerweislichen Urtheile §. 313.

§. 315. Die unerweislichen Urtheile sind entweder Erwegungsurtheile, oder Uebungsurtheile. Jene sind Grundurtheile (axioma), diese aber Heischeurtheile (postulatum). Man muß kein erweisliches Urtheil für ein unerweisliches halten §. 313.

§. 316.

§. 316. So ofte wir einen Begrif von ſich ſelbſt, oder einen Theil deſſelben von ihm bejahen, ſo ofte haben wir ein Grundurtheil §. 314. 315. Man kan alſo aus den Erklärungen Grundurtheile finden, wenn man von dem erklärten Begriffe bejahet: 1) die ganze Erklärung, und in ſo ferne ſind die logiſchen Erklärungen unerweislich; 2) einige Merkmale der Erklärung; 3) die einzeln Merkmale derſelben §. 268.

§. 317. So ofte ich eine Sache, die man als eine Wůrkung betrachten kan, mir vorſtelle, und ich bejahe von demjenigen, der ſie hervorbringen will, daß er ſie oder einen Theil derſelben hervorbringen můſſe, ſo habe ich ein Heiſcheurtheil §. 315. 314. Wenn alſo der erklärte Begrif als eine Wůrkung betrachtet werden kan, und ich bejahe von demjenigen, der ſie hervorbringen will, daß er 1) die ganze Erklärung, 2) oder einige Merkmale, oder 3) einzelne Merkmale hervorbringen můſſe; ſo finde ich Heiſcheurtheile aus den Erklärungen §. 268.

§. 318. In einer Demonſtration aus der Vernunft můſſen, alle Beweisthümer, völlig gewiß ſeyn §. 193. 204; ſie ſind alſo entweder erweislich oder nicht §. 313. In dem erſten Falle můſſen ſie wieder bewieſen werden. Folglich wird ein Beweis nicht eher eine Demonſtration, bis ich nicht auf lauter unerweisliche Beweisthümer komme. Die leeren Urtheile, die Grundurtheile und Heiſcheurtheile ſind demnach die erſten Anfänge aller Demonſtrationen aus der Vernunft §. 314. 315. Alsdenn beruhiget ſich der Verſtand völlig, wenn der Beweis bis auf ſolche Urtheile fortgeführt worden.

§. 319. Die erweislichen Urtheile ſind entweder blos durch die Erfahrung gewiß, oder nicht. Jene ſind anſchauende Urtheile (iudicium intuitiuum), dieſe aber Nachurtheile (iudicium diſcurſiuum). Das anſchauende Urtheil beſteht aus lauter Erfahrungsbegriffen, und iſt eine unmittelbare Erfahrung §. 201, und ein einzelnes Urtheil §. 301. Kein anſchauendes Urtheil iſt unerweislich

§. 313.

§. 313. 314, denn ich muß mich allemal eines einzeln Falles erinnern, und daher erkennen, wie und ob ich ohne Betrug zu einem solchen Urtheile gelanget bin §. 202. Alle anschauenden Urtheile sind die ersten Anfänge aller Demonstrationen aus der Erfahrung §. 202.

§. 320. Wenn man ein anschauendes Urtheil finden will, so nehme man 1) die Sache, die man empfindet, zum Subjecte an; 2) man zergliedere die Empfindung, nach §. 142. 257; 3) die entdeckten Merkmale bejahe man von dem Subjecte §. 319.

§. 321. Die Prädicate anschauender Urtheile können zufällige Beschaffenheiten, Veränderungen, Verhältnisse, Würkungen, Ursachen, Handlungen und Leiden seyn; niemals aber das Wesen, die wesentlichen Stücke, die Eigenschaften, und verneinenden Merkmale §. 256. Kein verneinend Urtheil ist ein anschauendes Urtheil, ob es wol aus einem anschauenden Urtheile kan hergeleitet werden, indem die Merkmale, welche denenjenigen entgegengesetzt sind, die wir in dem Subjecte empfinden, mit Wahrheit von demselben verneinet werden können §. 295.

§. 322. Aus den anschauenden Urtheilen werden allgemeine hergeleitet: 1) Wenn man von allen Dingen einer Art, nach §. 320, ein anschauendes Urtheil fället, und alsdenn schließt, daß das Prädicat von der ganzen Art allgemein bejahet werden könne §. 263. 2) Wenn man aus Einem anschauenden Urtheile ein allgemeines herleiten will, so a) suche man den höhern Begrif, unter welchen das Subject gehört, nach §. 259. b) Man suche die Bedingung des anschauenden Urtheils. c) Man untersuche, ob sie in dem höhern Begriffe schlechterdings nothwendig, oder zufällig sey. In dem letzten Falle verbinde man sie mit dem Subjecte, und alsdenn kan man in beyden Fällen das Prädicat allgemein von dem höhern Begriffe bejahen §. 299.

§. 323. Die Nachurtheile werden entweder aus der Erfahrung oder aus der Vernunft demonstrirt §. 319.

Jene

Jene ſind mittelbare Erfahrungen §. 203. 204. Ein
Erfahrungsurtheil iſt ein iedes Urtheil, welches durch
die Erfahrung gewiß iſt, es mag nun entweder ein anſchauendes Urtheil ſeyn §. 319, oder ein Nachurtheil.

§. 324. Die Nachurtheile erfodern entweder einen
kürzern oder einen längern Beweis §. 319. Jene heiſſen
Zuſätze (conſectarium, corollarium), und ſie können
entweder Erwegungs- oder Uebungsurtheile ſeyn §. 312.
Sie werden mehrentheils ohne Beweis angeführt, und
leicht gefunden, wenn man einige wenige Erklärungen,
unerweißliche Urtheile und andere Wahrheiten mit einander
vergleicht.

§. 325. Die Nachurtheile, welche einen längern
Beweis (entweder aus der Erfahrung oder aus der Vernunft) erfodern, ſind entweder Erwegungsurtheile, oder
Uebungsurtheile §. 312. Jene heiſſen Lehrſätze (theo-
rema), dieſe aber Aufgaben (problema).

§. 326. Wenn man einen Lehrſatz erfinden will, ſo
muß man 1) das Urtheil erfinden, oder es kan ſchon bekant
ſeyn; 2) man muß einen längern Beweis erfinden, folglich
a) muß man alle Beweisthümer aufſuchen, es mögen uns
nun dieſelben entweder ſchon bekant ſeyn, oder man mag
ſie von andern lernen, oder erſt von neuen erfinden;
b) man muß ſie in einen deutlichen Zuſammenhang ſetzen,
und c) muß man die Kunſt verſtehen, einen Beweis aus
vielen Beweisthümern zuſammen zu ſetzen, ohne eine Verwirrung zu verurſachen §. 325.

§. 327. Wer ſich, in der Erfindung der Lehrſätze,
üben will, der muß von den leichtern den Anfang machen,
und von ſolchen, die durch die Erfahrung probirt werden
können, damit er ſeine Fehltritte deſto leichter erkenne.

§. 328. Um der Deutlichkeit willen wird eine Aufgabe in drey Theile zergliedert: 1) Die Frage (quaeſtio
problematis) iſt die Vorſtellung der Handlung, welche gethan oder unterlaſſen werden ſoll. So ofte wir uns eine
Sache vorſtellen, die als eine Würkung betrachtet werden
kan,

kan, so ofte kan man eine Frage aufwerfen. 2) Die Auflösung (solutio problematis) zergliedert die Entstehungsart der Frage. Sie muß also entweder alle Handlungen
anführen, woraus die Frage besteht, oder alle Ursachen,
oder beydes zugleich, und wenn man sie finden will, muß
man den Gegenstand der Frage logisch erklären. 3) Der
Beweis der Aufgabe (demonstratio problematis),
welcher demonstrirt, daß durch die Beobachtung der Auflösung die Frage würklich werde. Er setzt demnach die Auflösung als eine Bedingung voraus, und die ganze Aufgabe
kan wie ein bedingter Lehrsatz angesehen werden §. 305.
Die Probe der Aufgabe (proba, examen problematis)
ist dasjenige, wodurch man überzeugt wird, daß man die
Auflösung beobachtet habe.

§. 329. Wenn man keine Unmöglichkeit in der
Frage entdecken kan, so kan man sich an die Auflösung wagen, und man kan dieselbe entweder durch die Erfahrung,
oder aus der Vernunft und durch die Abstraction, oder auf
eine willführliche Art erfinden. Wenn man sie durch die
Erfahrung finden will, so muß man 1) bey der Sache zugegen zu seyn suchen, wenn sie entsteht, und sich von der
Entstehungsart derselben durch die Erfahrung einen deutlichen Begrif machen §. 257. 2) Man muß alle Ursachen,
und alles, was bey dem Entstehen vorgeht, genau beobachten, wenn es nemlich in unsere Sinne fält. 3) Die übrigen Ursachen, und die übrigen Stücke der Entstehung, die
nicht in unsere Sinne fallen, muß man zu errathen suchen,
vermittelst des Theils der Gelehrsamkeit, in dessen Umfang
der Gegenstand gehört. 4) Man vergleiche die Würkung,
deren Entstehungsart wir nicht erfahren können, mit einer
andern, die wir durch die Erfahrung auflösen können, und
schliesse: daß jene auf eine ähnliche Art, und durch ähnliche
Ursachen, entstehe.

§. 330. Wenn man eine Würkung blos willführlich annimt, 1) so muß man in denen Theilen der Gelehrsamkeit, wohin sie gehört, wohl bewandert seyn, sich von

G   ihr

ihr einen deutlichen Begrif machen, und auf alle Kräfte
und Ursachen, die uns bekant sind, besinnen, ob wir etwa
was antreffen, welches in die Auflösung der Frage gehört.
2) Wenn man viele Handlungen und Ursachen willkührlich mit einander verknüpft, und achtung gibt, was
herauskomt, so findet man auch manche Auflösungen zu
manchen Aufgaben.

§. 331. Mitten in einem Lehrgebäude geräth man,
durch den Verfolg der Demonstrationen aus der Vernunft,
unvermerkt auf viele Auflösungen; und wenn man die Auflösungen der niedrigern Fragen schon gefunden hat, so
darf man nur ihre Verschiedenheit absondern, so hat man
die Auflösung der höhern Frage, die mag nun von einer
abstracten Handlung, oder einer andern abstracten Würkung reden.

§. 332. Um der Deutlichkeit der Aufgabe willen,
muß man, aus den deutlichen Begriffen von der Würkung und den in der Auflösung enthaltenen Ursachen, finden, was eine jedwede Ursach zu der Würkung beytrage.

§. 333. Um die Kürze der Aufgaben in einem
Lehrgebäude zu erhalten: 1) muß man in dem vorhergehenden die Handlungen und Würkungen auflösen, aus welchen die Handlungen und Würkungen der folgenden Aufgaben zusammengesetzt sind; zum 2) muß man in dem vorhergehenden diejenigen Handlungen und Würkungen auflösen, unter welchen die Fragen der folgenden Aufgaben enthalten sind.

§. 334. Eine Aufgabe ist 1) wahr (veritas
problematis), wenn sie nichts unmögliches in sich enthält,
folglich wenn die Auflösung der Frage nicht zuwider ist;
2) vollständig (completum problema), wenn durch die
Beobachtung der Auflösung dasjenige erfolget, wovon die
Frage ist; 3) genau (problema accuratum, adaequatum),
wenn sie weder zu wenig noch zu viel in sich enthält. Und
das sind drey Vollkommenheiten der Aufgaben.

§. 335.

§. 335. Eine Aufgabe ist falsch, 1) wenn die Auflösung schlechterdings unmöglich ist; 2) wenn die Auflösung in gewisser Absicht unmöglich, z. E. wenn sie durch die Kräfte der Menschen, oder in gewissen Umständen nicht möglich ist; 3) wenn die Auflösung zwar würklich werden kan, aber zur Frage nichts beyträgt; 4) wenn sie der Frage so gar widerspricht §. 334.

§. 336. Eine Aufgabe ist unvollständig, 1) wenn durch die genaueste Beobachtung der Auflösung der Zweck nicht erreicht wird; 2) wenn man nicht weiß, wie die Auflösung würklich gemacht werden kan; 3) wenn die Auflösung nicht in allen Fällen, wo es nöthig ist, ausgeübt werden kan §. 334.

§. 337. Eine Aufgabe ist nicht genau, wenn sie zwar wahr und vollständig ist, aber durch Umwege führt, und zu viel in sich enthält §. 334.

§. 338. Verborgene Eigenschaften (qualitates occultae) sind Beschaffenheiten, von denen wir keine klare und deutliche Erkentniß haben, und die wir ohne genugsamen Grund annehmen. Da sie nun wider die Natur der gelehrten Erkentniß streiten §. 21. 168, so ist derjenige, der sie annimt, entweder dumm, oder ein Betrüger. Folglich muß man sie alsdenn sonderlich vermeiden, wenn man die Gründe der Dinge, ihrer Natur und Veränderungen, untersucht, folglich auch bey der Auflösung der Aufgaben.

§. 339. Ein Lehnurtheil (lemma) ist ein erweisliches Urtheil, welches in einem Lehrgebäude ohne Beweis angenommen wird, weil es mit seinem Beweise zu einem andern Lehrgebäude gehört.

§. 340. Anmerkungen (scholia) sind Urtheile, welche in einem Lehrgebäude weder Beweisthümer sind, noch bewiesen werden, die aber des mehrern Nutzens wegen unter die übrigen gemenget werden.

§. 341. Gleichgültige Urtheile (indicia aequipollentia) sind verschiedene Urtheile, in denen das logische Verhältniß eines und eben desselben Subjects und Prädi-

cats einerley ist. Z. E. nicht alle Menschen sind tugendhaft, einige Menschen sind nicht tugendhaft; nicht kein
Mensch ist gelehrt, einige Menschen sind gelehrt; alles hat
einen Grund, nichts ist ohne Grund.   Da nun die Wahrheit und Unrichtigkeit eines Urtheils in dem logischen Verhältnisse angetroffen wird §. 295. 296, so sind 1) alle übrige
gleichgültige Urtheile wahr, wenn Eins wahr ist; und 2) alle
übrige falsch, wenn Eins falsch ist.   Die Gleichgültigkeit
der Urtheile hanget von solchen Abänderungen des Urtheils
ab, welche die Wahrheit oder Unrichtigkeit desselben nicht
verändern; sonst sind es keine gleichgültige Urtheile.

§. 342. Urtheile, welche einerley Subject, Prädicat und Beschaffenheit haben, und unter welchen nur
Eins allgemein ist, enthalten einander in sich (iudicia
subalterna).   Das allgemeine enthält die andern in
sich (iudicium subalternans), und die übrigen werden
in ihm enthalten (iudicium subalternatum). Z. E. alle
Menschen können irren, einige Menschen können irren,
Ein Mensch kan irren; kein Mensch ist unsündlich, einige
Menschen sind nicht unsündlich, Ein Mensch ist nicht unsündlich: 1) Wenn das allgemeine Urtheil wahr, so sind
auch diejenigen wahr, die in ihm enthalten sind, aber nicht
umgekehrt; 2) wenn die Urtheile falsch sind, die in dem
allgemeinen enthalten sind, so ist auch das allgemeine falsch,
aber nicht umgekehrt §. 302.

§. 343. Urtheile widersprechen einander (iudicia contradictoria), deren das eine accurat verneinet,
was das andere bejahet. Z. E. die Urtheile A und O,
desgleichen E und J widersprechen einander, wenn sie ein
und eben dieselben Subjecte und Prädicate haben §. 301.
341. Da nun ein ieder Begrif einem iedweden andern
Begriffe entweder zukomt, oder nicht; denn es kan gar
nicht gedacht werden, daß beydes zugleich oder keins von
beyden seyn könne: so ist unter allen widersprechenden Urtheilen entweder das bejahende wahr, und das verneinende
falsch, oder das verneinende wahr, und das bejahende falsch.

§. 295.

§. 295. Folglich kan man 1) von der Wahrheit des einen unter widersprechenden Urtheilen, auf die Unrichtigkeit des andern; und 2) von der Unrichtigkeit des Einen auf die Wahrheit des andern schliessen.

§. 344. Wenn ein Urtheil besonders bejahet, was das andere besonders verneinet, so sind sie auf eine besondere Art einander entgegengesetzt (iudicia subcontraria). Folglich die Urtheile J und O, wenn sie einerley Subjecte und Prädicate haben. 1) Diese Urtheile können zugleich wahr seyn. Denn da ihr Prädicat in Absicht auf das Subject ein besonderer Begrif seyn kan §. 262; so läßt er sich von demselben mit Wahrheit besonders bejahen und verneinen §. 295. 2) Diese Urtheile können niemals beyde zugleich falsch seyn. Denn wenn J und O falsch sind, so sind auch A und E falsch §. 342. Folglich könten A und O, E und J, die einerley Prädicate und Subjecte haben, zu gleicher Zeit falsch seyn, welches unmöglich ist §. 343.

§. 345. Wenn ein Urtheil allgemein bejahet, was das andere allgemein verneinet, folglich wenn A und E einerley Subject und Prädicat haben, so sind sie auf eine allgemeine Art einander entgegengesetzt (iudicia contraria). 1) Diese Urtheile können beyde falsch seyn: denn ihr Prädicat kan in Absicht auf das Subject ein besonderer Begrif seyn §. 262. Folglich kan es von ihm weder allgemein bejahet, noch allgemein verneinet werden §. 302. 2) Diese Urtheile können nicht beyde wahr seyn. Denn wenn A und E wahr wären, so wären auch J und O wahr §. 342. Folglich könten A und O, desgleichen E und J, ob sie gleich einerley Subject und Prädicat hätten, zugleich wahr seyn, und das ist unmöglich §. 343.

§. 346. Diejenige Veränderung, vermöge welcher aus dem Subjecte eines Urtheils das Prädicat, und aus dem Prädicate das Subject gemacht wird, heißt die Umkehrung eines Urtheils (conuersio iudicii). Das Urtheil, mit welchem die Veränderung vorgeht, heißt das umge-

Lehrte

lehrte (iudicium conuerſum), und welches daher entſtehr, das umkehrende Urtheil (iudicium conuertens). Bey der Umkehrung wird entweder die Gröſſe des Urtheils geän= dert, oder nicht. In dem erſten Falle geſchiehet die Umkehrung zufälliger Weiſe (conuerſio per accidens), in dem andern aber ſchlechtweg (conuerſio ſimplex). In ſo ferne ein wahres Urtheil nach der Umkehrung auch wahr bleibt, in ſo ferne kan es umgekehret werden (iu= dicium conuerti poteſt).

§. 347. Alle bejahende Urtheile, deren Subject und Prädicat Wechſelbegriffe ſind, können ſchlechtweg um= gekehret werden, es mögen nun allgemeine oder einzelne Ur= theile ſeyn. Denn das Subject komt auch allen unter dem Prädicate enthaltenen zu §. 262. Folglich kan es von dem Prädicate allgemein bejahet werden §. 302. 346. Z. E. die Urtheile, welche die Erklärung von dem erklärten Begriffe, und die Glieder der Eintheilung, unter einer Disjunction zuſammengenommen, von dem eingetheilten Begriffe beja= hen §. 270. 287.

§. 348. Alle wahren beſonders bejahenden Urtheile können ſchlechtweg umgekehrt werden. Denn der abſtracte Begrif des Subjects komt den einigen unter ihm enthalte= nen zu §. 260, und kan alſo von ihnen beſonders bejahet werden §. 295. Und da das Prädicat einigen unter dem Subjecte enthaltenen zukomt §. 295, ſo kan es als ihr hö= herer Begrif §. 260 zum Subjecte angenommen werden. Folglich kan das vorige Subject von dem vorigen Prädica= te beſonders bejahet werden §. 346.

§. 349. Ein allgemein verneinendes Urtheil kan 1) ſchlechtweg umgekehrt werden. Widrigenfals müſte das Subject nicht allen unter dem Prädicate enthaltenen zuwider ſeyn §. 302, folglich müſte es einigen derſelben zu= kommen §. 343. Folglich müſte auch das Prädicat eini= gen unter dem Subjecte enthaltenen zukommen §. 348. Folglich wäre das allgemein verneinende Urtheil falſch §. 302, welches ungereimt iſt; 2) zufälliger Weiſe. Denn

da

da es schlechtweg umgekehrt werden kan, so ist auch das besondere Urtheil wahr, welches in dem allgemeinen umkehrenden Urtheile enthalten ist §. 342, und durch dasselbe wird es zufälliger Weise umgekehrt §. 346.

§. 350. Alle allgemein bejahenden Urtheile können zufälliger Weise umgekehrt werden. Denn wenn sie wahr sind, so sind auch die in ihnen enthaltenen besonders bejahenden Urtheile wahr §. 342. Diese können schlechtweg umgekehrt werden §. 348, und eben dadurch werden die allgemeinen zufälliger Weise umgekehrt §. 346.

§. 351. Wenn man in den besonders verneinenden Urtheilen, die Verneinung zum Prädicate setzt, so werden sie besonders bejahende Urtheile §. 294, und können also alsdenn schlechtweg umgekehrt werden §. 348.

§. 352. Ein allgemein bejahendes Urtheil wird contraponirt (contrapositio), wenn man sein Prädicat in einen verneinenden Begrif verwandelt, und das vorige Subject von demselben allgemein verneinet. Alle wahren allgemein bejahenden Urtheile können contraponirt werden, das ist, wem ihr Prädicat nicht zukomt, denen komt auch ihr Subject nicht zu. Widrigenfalls müste einigen Dingen das Prädicat zuwider seyn, und das Subject zukommen §. 343. Man könte also von einigen unter dem Subjecte enthaltenen das Prädicat mit Wahrheit verneinen §. 295. Also wäre das allgemein bejahende Urtheil falsch §. 302, und das ist ungereimt.

Der

Der zehnte Abſchnitt,
von den gelehrten Vernunftſchlüſſen.
Inhalt.

§. 353.

Wenn einige wahre Urtheile den hinreichenden Grund der Wahrheit eines andern enthalten, ſo ſind ſie mit einander verbunden §. 15, und in dieſem Verhältniſſe wahrer Urtheile beſtehet der Zuſammenhang der Wahrheiten (nexus veritatum).

§. 354. Ein Vernunftſchluß (ratiocinium) iſt eine deutliche Vorſtellung des Zuſammenhangs der Wahrheiten; welcher, wenn er in einem höhern Grade vollkommen iſt, ein gelehrter, oder ein logiſcher Vernunftſchluß genennet wird (ratiocinium logicum eruditum).

§. 355. In einem Vernunftſchluſſe leiten wir eine Wahrheit aus andern Wahrheiten her §. 353. 354. Und da alſo die andern Wahrheiten die Beweisthümer der erſtern ſind §. 191, ſo machen wir einen Vernunftſchluß, wenn wir eine Wahrheit aus ihren Beweisthümern deutlich herleiten. Folglich iſt, die deutliche Vorſtellung der Folge eines Beweiſes, ein Vernunftſchluß §. 191.

§. 356. Dasjenige Urtheil, welches in einem Vernunftſchluſſe aus andern hergeleitet wird, iſt das Schluß-

urtheil

urtheil (conclusio, probandum, principiatum). Diejenigen Urtheile aber, aus welchen das Schlußurtheil hergeleitet wird, sind die Vorderurtheile (praemissae, data, sumtiones, principia).

§. 357. Die Subjecte und Prädicate der Urtheile, aus denen ein Vernunftschluß besteht, heissen die Hauptbegriffe eines Vernunftschlusses (termini). Das Subject des Schlußurtheils, ist der kleinere Hauptbegrif (terminus minor), sein Prädicat aber, der grössere Hauptbegrif (terminus maior). Der Hauptbegrif, welcher, ausser dem kleinern und grössern, in den Vorderurtheilen angetroffen wird, heißt der mitlere Hauptbegrif (terminus medius).

§. 358. Da die Vorderurtheile den Beweisthum des Schlußurtheils enthalten §. 355. 356, in denenselben aber, ausser den Theilen des Schlußurtheils, nichts weiter enthalten ist, als der mitlere Hauptbegrif §. 357; so ist derselbe der Beweisthum §. 191, folglich die Bedingung des Schlußurtheils §. 297. Man findet also den mitlern Hauptbegrif nach der Anleitung des 297 und 298sten Absatzes; und ein Vernunftschluß bestehet darin, wenn wir ein Urtheil aus seiner Bedingung auf eine deutliche Art herleiten §. 355.

§. 359. Die Materie des Vernunftschlusses (ratiocinii materia) bestehet in den Vorderurtheilen desselben, seine Form aber (ratiocinii forma) in der Folge des Schlußurtheils aus den Vorderurtheilen.

§. 360. Ein richtiger Vernunftschluß (ratiocinium verum) muß so wol in der Materie, als auch in der Form richtig seyn §. 359. 355. 193. Wenn also entweder die Materie falsch ist, oder die Form, oder beydes zu gleicher Zeit, so ist es ein falscher, unrichtiger Vernunftschluß (ratiocinium falsum). Ein irriger Vernunftschluß (ratiocinium erroneum) ist ein falscher Vernunftschluß, in so ferne er für einen richtigen gehalten wird §. 109. Aus §. 193 und 194 erhellet, wenn ehe ein Vernunftschluß eine demonstrativische Gewisheit hat, oder nicht.

G 5

§. 361.

§. 361. Weil die Folge in einem iedweden Vernunftſchluſſe deutlich ſeyn muß §. 355, keine Deutlichkeit
aber ohne Ordnung möglich iſt §. 142; ſo müſſen die Urtheile eines Vernunftſchluſſes gehörig zuſammengeordnet
werden. Da nun keine Ordnung ohne Regeln möglich iſt,
ſo ſind gewiſſe Regeln zu ſchlieſſen nöthig, nach welchen ein
Vernunftſchluß eingerichtet werden muß, wenn er eine richtige und deutliche Folge haben ſoll.

§. 362. Es iſt unmöglich, daß etwas zu gleicher Zeit ſey, und nicht ſey. Oder, wenn von einem
Dinge ein und eben daſſelbe zu gleicher Zeit bejahet oder
verneinet wird, ſo iſt es Nichts. Dieſer Satz heißt der
Satz des Widerſpruchs (principium contradictionis),
und er iſt das erſte innerliche Kennzeichen der Wahrheit
§. 95, auf welchem alle Folgen der Vernunftſchlüſſe beruhen müſſen, wenn ſie wahr ſeyn ſollen §. 361.

§ 363. Was von einem Begriffe mit Wahrheit allgemein bejahet oder verneinet werden kan,
das kan auch mit Wahrheit von einem iedweden
andern Begriffe bejahet oder verneinet werden,
welcher unter jenen gehört §. 342. Widrigensfals müſten zwey widerſprechende Urtheile zugleich wahr ſey §. 343,
und das iſt wider den Satz des Widerſpruchs §. 362. Dieſer Satz wird, der Schluß von dem Algemeinen auf
das Beſondere, genant (dictum de omni et nullo).

§. 364. Wenn der hinreichende Grund wahr
iſt, ſo iſt auch ſeine Folge wahr, widrigenfalls wäre,
der hinreichende Grund, kein hinreichender Grund §. 15,
welches wider §. 362. Folglich, wenn die Folge falſch
iſt, ſo iſt auch der hinreichende Grund falſch, weil
ſonſt der hinreichende Grund ohne Folge ſeyn könte. Dieſer Schluß heißt, der Schluß von dem hinreichenden
Grunde auf ſeine Folge (a ratione ſufficiente ad rationatum valet conſequentia).

§. 365. Wenn eins unter widerſprechenden
Urtheilen wahr iſt, ſo iſt das andere falſch; und
wenn

wenn das eine falsch ist, so ist das andere wahr
§. 343. 362. Dieser Satz heißt: der Schluß vom Gegentheil (ab vno oppositorum ad alterum valet consequentia).

§. 366. Wenn ein Urtheil wahr ist, so muß
auch dasjenige wahr seyn, welches durch eine logische Veränderung des ersten entstanden ist, die der
Wahrheit unbeschadet vorgenommen werden kan.
Widrigenfals müste die logische Veränderung der Wahrheit
nachtheilig seyn, und nicht nachtheilig seyn, welches unmöglich ist §. 362. Dieser Schluß heißt: der Schluß von
der logischen Veränderung eines wahren Urtheils.

§. 367. Ein ordentlicher Vernunftschluß (ratiocinium ordinarium) ist ein Vernunftschluß, in welchem
von dem Algemeinen auf das Besondere geschlossen wird
§. 363. Zum Exempel: alle Tugenden tragen etwas zu
meiner Glückseligkeit bey; nun sind, alle philosophische Tugenden, Tugenden; also tragen alle philosophische Tugenden etwas zu meiner Glückseligkeit bey. Alle übrige Vernunftschlüsse sind ausserordentliche Vernunftschlüsse
(ratiocinium extraordinarium).

§. 368. Alle ordentliche Vernunftschlüsse haben
zwey Vorderurtheile, die den mitlern Hauptbegrif mit einander gemein haben §. 367. Dasjenige Vorderurtheil in
denselben, welches den grössern Hauptbegrif enthält, heißt
der Obersatz der ordentlichen Vernunftschlüsse (propositio maior ratiociniorum ordinariorum); welches aber
den kleinern Hauptbegrif enthält, der Untersatz derselben
(propositio minor).

§. 369. Diejenige Gattung der ordentlichen Vernunftschlüsse, in denen der mitlere Hauptbegrif in dem
Subjecte des Obersatzes und in dem Prädicate des Unter-
satzes steht, heißt die erste Figur (figura prima ratiociniorum). Zum Exempel: alle Menschen können irren; die
Gelehrten sind Menschen, also können die Gelehrten irren.
In dieser Figur hat der Untersatz und der Schlußsatz Ein
Subject §. 368. Folglich haben diese beyden Urtheile allemal einerley Grösse §. 301.   §. 370.

§. 370. Diejenige Gattung der ordentlichen Vernunftſchlüſſe, in denen der mitlere Hauptbegrif in dem Prädicate beyder Vorderurtheile ſteht, heißt die andere Figur (figura secunda). Z. E. keine ungereimte Sache iſt
wahr, alles was in der Bibel ſteht iſt wahr; alſo iſt nichts,
was in der Bibel ſteht, ungereimt.

§. 371. Diejenige Gattung der ordentlichen Vernunftſchlüſſe, in denen der mitlere Hauptbegrif in dem
Subjecte beyder Vorderurtheile ſteht, heißt die dritte Figur, (figura tertia). Zum Exempel: alle Gelehrte haben
einen verbeſſerten Verſtand, einige Gelehrte ſind laſterhaft;
alſo haben einige laſterhafte einen verbeſſerten Verſtand.

§. 372. Diejenige Gattung der ordentlichen Vernunftſchlüſſe, in denen der mitlere Hauptbegrif in dem
Prädicate des Oberſatzes und in dem Subjecte des Unter-
ſatzes ſteht, heißt die vierte, oder die galeniſche Figur
(figura quarta, galenica). Zum Exempel: kein dummer
Menſch iſt gelehrt, einige Gelehrte ſind fromm; alſo ſind
einige Fromme keine dummen Leute.

§. 373. Die Figuren der Vernunftſchlüſſe
(figurae ratiociniorum), ſind demnach verſchiedene Gat-
tungen ordentlicher Vernunftſchlüſſe, welche aus der verſchiedenen Zuſammenordnung des mitlern Hauptbegrifs mit
den übrigen Hauptbegriffen in den Vorderurtheilen entſtehen; und es gibt nicht mehr als vier Figuren §. 369. 372.

§. 374. Aus dem Schluſſe von dem Allgemeinen
auf das Beſondere §. 363, flieſſen folgende Regeln aller
ordentlichen Vernunftſchlüſſe: 1) In einem ordentlichen
Vernunftſchluſſe können nicht mehr noch weniger
Hauptbegriffe enthalten ſeyn, als drey. Ein ſolcher
Schluß enthält nur drey Urtheile, folglich nur ſechs Stellen für die Hauptbegriffe §. 368. 357. Nun enthält er
1) einen Hauptbegrif, von welchem etwas allgemein bejahet
oder verneinet wird, und von welchem in dem andern Vorderurtheile geſagt wird, daß ein anderer Begrif zu ihm gehöre. Er komt alſo zweymal vor, weil er der mitlere
Haupt-

Hauptbegrif ist §. 368. 2) Der kleinere Hauptbegrif komt in dem Schlußurtheile und dem Untersatze vor §. 357. 368; und 3) der grössere Hauptbegrif in dem Schlußurtheile und dem Obersatze §. 357. 368.

§. 375. 2) Der mitlere Hauptbegrif muß nicht in das Schlußurtheil gesetzt werden. Denn in den ordentlichen Vernunftschlüssen wird der grössere Hauptbegrif von dem kleinern in dem Schlußsatze bejahet oder verneinet, weil nach Aussage der Vorderurtheile der kleinere Hauptbegrif zu dem mitlern gehört, von welchem der grössere bejahet oder verneinet werden kan §. 364. Folglich kan der Schlußsatz nur aus dem kleinern und grössern Hauptbegriffe bestehen.

§. 376. 3) Die Vorderurtheile dürfen nicht insgesamt verneinen: denn Eins muß bejahen, daß der kleinere oder grössere Hauptbegrif mit dem mitlern verbunden sey §. 363; oder aus lauter verneinenden Vorderurtheilen folget nichts, obgleich aus lauter bejahenden etwas folgt. Wenn der mitlere Hauptbegrif ein verneinender Begrif ist, so ist wenigstens Ein Vorderurtheil blos unendlich §. 294, und alsdenn scheint es blos, als wenn alle Vorderurtheile verneinten.

§. 377. 4) Die Vorderurtheile dürfen nicht insgesamt besondere Urtheile seyn; sonst würde man nicht von dem allgemeinen aufs besondere schliessen §. 363, oder aus lauter besondern Vorderurtheilen folgt nichts, obgleich aus lauter allgemeinen etwas folgen kan.

§. 378. 5) Wenn ein Vorderurtheil verneint, so muß auch das Schlußurtheil verneinen: denn alsdenn richtet sich der Vernunftschluß nach dem verneinenden Theile des Schlusses vom allgemeinen aufs besondere §. 363, und er muß also ein verneinendes Schlußurtheil haben.

§. 379. 6) Wenn ein Vorderurtheil ein besonderes Urtheil ist, so muß auch das Schlußurtheil ein besonderes seyn; denn alsdenn schließt man: weil einige Dinge von einer Art zu demjenigen Begriffe gehö-

gehören, von welchem etwas allgemein bejahet oder verneinet wird, ſo kan dieſes auch von den einigen bejahet oder
verneinet werden §. 363.

§. 380.   7) Das Schlußurtheil richtet ſich
allemal nach dem ſchwächern Theile des Vernunftſchluſſes: denn die verneinenden und beſondern Vorderurtheile werden der ſchwächere Theil des Vernunftſchluſſes genant (pars ratiocinii debilior) §. 378. 379.

§. 381.   8) In dem Schlußurtheile muß
nicht weniger enthalten ſeyn, als in den Vorderurtheilen. Denn ſonſt würden der kleinere und gröſſere
Hauptbegrif in dem Schlußurtheile weniger in ſich enthalten, als in den Vorderurtheilen, und es würden alſo in
dem Vernunftſchluſſe mehr als drey Hauptbegriffe angetroffen werden §. 374.

§. 382.   9) In dem Schlußurtheile muß nicht
mehr enthalten ſeyn, als in den Vorderurtheilen.
Sonſt würde der kleinere und gröſſere Hauptbegrif in dem
Schlußurtheile mehr enthalten, als in den Vorderurtheilen, und es wären alſo mehr als drey Hauptbegriffe in
dem Vernunftſchluſſe §. 374.

§. 383.   Auſſer dieſen Regeln müſſen in der erſten
Figur noch zwey Regeln beobachtet werden: 1) Der Unterſatz muß in der erſten Figur allemal bejahen.
Denn da er zu ſeinem Subjecte, das Subject des Schluß-
ſatzes, hat §. 360, ſo bejahet er von demſelben, daß es
zu dem mitlern Hauptbegriffe gehöre §. 363. Iſt der mitlere Hauptbegrif verneinend, ſo iſt der Unterſatz unendlich
§. 376, und alſo doch ein bejahendes Urtheil §. 294.

§. 384.   2) Der Oberſatz muß in der erſten
Figur allemal allgemein ſeyn. Denn, iſt der Schlußſatz allgemein, ſo kan der Oberſatz nur allgemein ſeyn
§. 379; iſt er aber ein beſonderes Urtheil, ſo iſt der Unterſatz auch dergleichen §. 369, und alſo muß der Oberſatz
abermals algemein ſeyn §. 377. Weil die einzeln Urtheile
zu den allgemeinen gehören §. 301, ſo machen ſie keine
Aus-

Ausnahme von den Regeln, welche die Allgemeinheit der Urtheile eines Vernunftschlusses fodern.

§. 385. Die Arten der ordentlichen Vernunft-schlüsse (modi ratiociniorum ordinariorum), sind ver-schiedene Arten der Vernunftschlüsse einer Figur, welche aus der verschiedenen Beschaffenheit und Grösse der Urthei-le eines Vernunftschlusses entstehen.

§. 386. Wenn der Schlußsatz in der ersten Figur allgemein bejahet, so bejahet auch §. 383. 378 allgemein §. 379. 369 der Untersatz, und der Obersatz muß auch beja-hen §. 378 und allgemein seyn §. 384. 379. Die Art der Vernunftschlüsse in der ersten Figur, deren Schlußsatz allge-mein bejahet, heißt Barbara, z. E. alle Wahrheiten sind nützlich, alle philosophische Wahrheiten sind Wahrheiten; also sind alle philosophische Wahrheiten nützlich.

§. 387. Wenn der Schlußsatz in der ersten Figur allgemein verneinet, so muß der Untersatz allgemein §. 369. 379 bejahen §. 383, und der Obersatz allgemein §. 384. 379 verneinen §. 380. Die Art der Vernunftschlüsse in der ersten Figur, die einen allgemein verneinenden Schluß-satz haben, heissen Celarent, z. E. kein Laster macht mich vollkommener, aller Hochmuth ist ein Laster; also macht mich kein Hochmuth vollkommener.

§. 388. Wenn der Schlußsatz in der ersten Figur besonders bejahet, so muß der Untersatz besonders §. 369. 380 bejahen §. 383. 378, und der Obersatz allgemein §. 384. 377 bejahen §. 378. Die Art der Vernunftschlüsse in der ersten Figur, deren Schlußsatz besonders bejahet, heißt Darii, z. E. alle beharlich Ungläubige werden verdamt, einige Gelehrte sind beharlich Ungläubige; also werden einige Gelehrte verdamt.

§. 389. Wenn der Schlußsatz in der ersten Figur besonders verneinet, so muß der Untersatz besonders §. 369. bejahen §. 383, und der Obersatz allgemein §. 384. 377 verneinen §. 380. Die Art der Vernunftschlüsse in der ersten Figur, deren Schlußsatz besonders verneinet, heißt

Ferio;

Ferio; z. E. keine gute Handlung wird von GOtt gestraft, einige blosse Naturwerke der Menschen sind gute
Handlungen; also werden einige blosse Naturwerke der
Menschen von GOtt nicht gestraft. In der ersten Figur
sind nur vier Arten der Vernunftschlüsse möglich §. 385-388.

§. 390. Alle wahre Urtheile, welche in ordentlichen
Vernunftschlüssen Schlußurtheile seyn können, sind entweder A, oder E, oder J, oder O §. 301. Folglich können,
in der ersten Figur, alle diese Urtheile geschlossen werden
§. 386-389, und deswegen wird sie eine vollkommene Figur
genant. Daher sind die übrigen Figuren nicht nöthig.

§. 391. Wenn man wider die bisherigen Regeln
zu schliessen Vernunftschlüsse macht, deren Vordersätze und
Schlußsätze richtig sind; so folgen die letztern aus den erstern nicht nothwendig, sondern sie sind nur zufälliger Weise
wahr. Solche Schlüsse sind also, keine Einwürfe wider
die Richtigkeit dieser Regeln.

§. 392. Ein bedingter Vernunftschluß (ratio-
cinium hypotheticum, conditionale, connexum) ist ein
Vernunftschluß, welcher von dem hinreichenden Grunde
auf die Folge schließt §. 364. Da nun in keiner Art der
Urtheile die Folge eines Urtheils aus seiner Bedingung be-
jahet wird, als in den bedingten §. 305; so haben diese
Vernunftschlüsse ein bedingtes Vorderurtheil, welches ihr
Obersatz genennet wird. Es muß derselbe eine richtige
Folge haben §. 306, sonst schließt man von dem Sto-
cke im Winkel (argumentum a baculo ad angulum).

§. 393. In einem bedingten Vernunftschlusse
schließt man entweder 1) von der Richtigkeit des erstern auf
die Richtigkeit des letztern §. 364. 305. Alsdenn bejahet
der Untersatz, daß das erste wahr, und der Schlußsatz, daß
das letzte wahr (modus ratiociniorum hypotheticorum
ponens). Zum Exempel: wenn eine Vorsehung Gottes
ist, so sind alle ängstliche Sorgen vergeblich; nun ist das
erste wahr, also auch das letzte; Oder 2) von der Unrichtigkeit des letztern auf die Unrichtigkeit des erstern §. 364.

305. Alsdenn bejahet der Untersaß die Unrichtigkeit des letztern, und der Schlußsaß die Unrichtigkeit des erstern (modus ratiociniorum hypotheticorum tollens), z. E. wenn ein blindes Schickfal ist, so giebt es keine freye Handlungen; nun ist das leßte falsch, also auch das erste.

§. 394. Weil eine Sache mehrere hinreichende Gründe haben kan, so kan man in den bedingten Vernunftschlüssen weder allemal von der Unrichtigkeit des ersten auf die Unrichtigkeit des leßten, noch von der Richtigkeit des leßten auf die Richtigkeit des ersten schliessen §. 305.

§. 395. Die disjunctiven Vernunftschlüsse (ratiocinium disiunctiuum) sind Vernunftschlüsse, welche von einem Gegentheile auf das andere schliessen §. 365. Folglich enthalten sie einen disjunctiven Vordersaß, welcher ihr Obersaß genennet wird §. 307. Wenn derselbe einer der §. 308 erwiesenen Regeln zuwider ist, so hat er keine Folge, und der disjunctive Vernunftschlus ist in der Form unrichtig §. 360.

§. 396. In den disjunctiven Vernunftschlüssen wird, entweder 1) von der Richtigkeit Eines Gliedes der Disjunction, auf die Unrichtigkeit der übrigen geschlossen §. 395. 365. Alsdenn muß der Untersaß ein Glied für wahr ausgeben, und der Schlußsaß die übrigen für falsch. (modus ratiociniorum disiunctiuorum ponendo tollens). Z. E. die Materie kan entweder denken oder nicht, nun ist das andere wahr, also ist das erste falsch; oder 2) von der Unrichtigkeit aller Glieder ausser Einem auf die Richtigkeit dieses Einen §. 395. 365. Alsdenn muß in dem Untersaße von allen Gliedern ausser Einem bejahet werden, daß sie falsch sind, und in dem Schlußsaße von diesem Einen, daß es wahr sey (modus ratiociniorum disiunctiuorum tollendo ponens). Zum Exempel: die Materie kan entweder denken oder nicht; nun ist das erste falsch, also ist das andere wahr.

§. 397. Ein Dilemma (ratiocinium cornutum, crocodillinum, dilemma, trilemma etc.) ist ein bedingter

H   Ver-

Vernunftſchluß, deſſen letzteres ein disjunctives Urtheil iſt, in welchem alle Glieder falſch ſind. Das bedingte Urtheil, deſſen letzteres disjunctiv iſt, iſt der Oberſatz; der Unterſatz bejahet, daß das letztere insgeſamt falſch iſt, und der Schlußſatz bejahet, daß das erſte falſch ſey. Ein Dilemma muß alſo, den Regeln der bedingten und der disjunctiven Vernunftſchlüſſe zu gleicher Zeit gemäs ſeyn §. 392. 393. 395. Zum Exempel: wenn dieſe Welt nicht die beſte wäre, ſo wäre entweder keine beſte Welt möglich, oder GOtt hätte keine Kentniß von derſelben gehabt, oder er hätte ſie nicht ſchaffen können, oder er hätte ſie nicht ſchaffen wollen; nun iſt das letzte insgeſamt falſch, alſo auch das erſte.

§. 398. Die Vernunftſchlüſſe, welche von der logiſchen Veränderung eines Urtheils, auf das durch die Veränderung entſtandene Urtheil, ſchlieſſen, heiſſen die unmittelbaren Folgerungen (conſequentia immediata). §. 366. Zum Exempel: alle Menſchen können irren, alſo können auch einige Menſchen irren; oder, es iſt ein GOtt, alſo iſt falſch, daß kein GOtt ſey.

§. 399. Ein Vernunftſchluß iſt entweder ſo beſchaffen, daß ſeine richtige Form offenbar iſt, oder ſie iſt verſteckt: jener iſt ein förmlicher Vernunftſchluß (ratiocinium formale), dieſer aber ein verſteckter (ratiocinium crypticum), welcher alſo in der Form unrichtig zu ſeyn ſcheinen kan. Um die logiſche Kunſt zu verbergen, und die Pedanterey zu vermeiden, ſind die verſteckten Vernunftſchlüſſe anzupreiſen.

§. 400. Zu den verſteckten Vernunftſchlüſſen gehören vornemlich die verſtümmelten Vernunftſchlüſſe (enthymema), in welchem ein Urtheil ausgelaſſen wird, das iſt, nicht ſo deutlich als die übrigen gedacht wird, weil es ganz gewiß und iemanden ſo geläufig iſt, daß es ihm alſobald einfält. Z. E. alle Menſchen können irren, alſo kan ich auch irren.

§. 401 Zu den verſtümmelten Vernunftſchlüſſen gehören 1) die zuſammengezogenen Vernunftſchlüſſe

(ratio-

(ratiocinium contractum.), wenn man zum Schlußſaße
blos den mitlern Hauptbegrif hinzu thut, doch ſo, daß er
kein bedingtes Urtheil wird.   Zum Exempel: dieſe Welt
iſt die beſte, weil ſie von GOtt erwählt worden.   2) Die
Zergliederungsſchlüſſe (inductio), welche folgenden
Oberſaß zum Grunde legen, ihn aber auslaſſen: was von
einem jedweden niedrigern Begriffe bejahet oder verneinet
werden kan, das kan von ihrem höhern Begriffe allgemein
bejahet oder verneinet werden §. 363.   Wenn in dem Un-
terſaße alle niedrigere Begriffe angeführet werden, ſo iſt
es ein ausführlicher Zergliederungsſchluß (inductio
completa).   Zum Exempel: die erſte Perſon der Gottheit
iſt GOtt, die andere auch, die dritte auch; alſo ſind alle
Perſonen der Gottheit GOtt.   3) Die Exempelſchlüſſe
(exemplum in ratiociniis), wenn man dasjenige, was man
von einem niedrigern Begriffe bejahet oder verneinet um ſeines höhern Begrifs willen, von einem andern niedrigern
Begriffe, der zu eben demſelben höhern Begriffe gehört, bejahet oder verneinet.   Zum Exempel: die Menſchen können ſündigen, alſo können auch alle heilige Engel ſündigen.

§. 402.   Ein Vernunftſchluß, welcher in der Form unrichtig iſt (paralogismus), wenn ſein Fehler verſteckt iſt, wird
ein Betrugſchluß genennet (ſophisma, fallacia, captio).

§. 403.   Ein Betrugſchluß kan entſtehen: 1) wenn
wir getrennte Dinge auf eine untichtige Art verknüpfen,
und verknüpfte Dinge auf eine unrichtige Art trennen (ſophiſma ſenſus compoſiti et diuiſi).   Zum Exempel: wo
drey Thaler ſind, da ſind zwey Thaler; nun machen drey
und zwey Thaler fünf Thaler aus, alſo wo drey Thaler
ſind, da ſind fünf Thaler.   2) Wenn ein Hauptbegrif auf
eine zweyfache Weiſe genommen wird (ſophiſma figurae
dictionis).   Zum Exempel: ein Weltweiſer iſt eine Gattung der Gelehrten, Leibniß iſt ein Weltweiſer, alſo iſt
Leibniß eine Gattung der Gelehrten.

§. 404.   3) Wenn man einen Hauptbegrif einmal
mit einer Einſchränkung und das andesemal ohne Ein-
ſchrän-

ſchränkung nimt (fallacia accidentis, ſeu a dicto ſecun-
dum quid ad dictum ſimpliciter, aut vice verſa). Z. E.
wer da ſagt, du ſeyſt ein Thier, der redet die Wahrheit;
wer nun ſagt: du ſeyſt ein Eſel, der ſagt: du ſeyſt ein
Thier, alſo redet er die Wahrheit.   4) Wenn man einen
unrechten mitlern Hauptbegrif annimt (fallacia medii).
Z. E. wer blaß ausſieht, ſtudiert fleißig; nun ſieht Cajus
blaß aus, alſo ſtudiert er fleißig.

§. 405. 5) Wenn man das Urtheil, welches man
bewieſen hat, für dasjenige hält, welches man beweiſen
ſollen (ſophiſma heterozeteleos).   Zum Exempel: wenn
man die Unſterblichkeit der Seele beweiſen ſoll, und man
beweiſet ihre Unverweslichkeit.   6) Wenn man das Urtheil,
welches man widerlegt hat, für dasjenige hält, was man
widerlegen ſolte (ſophiſma ignorationis elenchi). Z. E.
wenn man wider denjenigen, welcher behauptet, daß die
Seele ſterben könne, beweiſet, daß ſie ewig lebe.   7) Wenn
ein zuſammengeſetztes Urtheil blos als ein einfaches in einem
Vernunftſchluſſe angeſehen wird (ſophiſma polyzeteleos).
Z. E. es iſt entweder wahr, daß die Hunde allein unter
allen vierfüßigen Thieren Vernunft haben, oder es iſt nicht
wahr; iſt das erſte, ſo haben die Hunde Vernunft, iſt das
letzte, ſo haben alle vierfüßige Thiere Vernunft.

§. 406.   Ein Vernunftſchluß beſtehet entweder aus
mehrern Vernunftſchlüſſen, oder nur aus Einem.   Dieſer iſt ein einfacher (ratiocinium ſimplex, probatio ſimplex), jener aber ein zuſammengeſetzter Vernunft-
ſchlus (ratiocinium compoſitum).   Wenn ein Vernunftſchluß zuſammengeſetzt iſt, ſo hängen die mehrern Vernunftſchlüſſe, aus denen er beſteht, entweder zuſammen oder
nicht §. 353.   In dem letzten Falle iſt es ein ratiocinium
copulatum, z. E. alle Geiſter ſind unſterblich, GOtt und
alle menſchliche Seelen ſind Geiſter, alſo ſind ſie unſterblich.   In dem erſten Falle iſt der Vorderſatz des einen
der Schlußſatz des andern, und es wird eine Reihe
verknüpfter Vernunftſchlüſſe genant (ratiocinatio po-

lyſyl-

lysyllogistica, probatio composita). Zum Exempel:
was den Naturgesetzen gemäs ist, macht mich vollkommener, die Tugend ist den Naturgesetzen gemäs, also macht
mich die Tugend vollkommener; was mich vollkommener
macht, dazu bin ich verbunden, die Tugend macht mich
vollkommener, also bin ich zu ihr verbunden.

§. 407. In einer Reihe verknüpfter Vernunftschlüsse kommen nicht nur welche vor, deren Schlußsätze
Vordersätze anderer sind, sondern auch solche, deren Vordersätze Schlußsätze anderer sind §. 406. Jene heissen
Vorschlüsse (prosyllogismus), und diese Nachschlüsse
(episyllogismus). Und einige Urtheile kommen in einer
solchen Reihe zweimal vor §. 406.

§. 408. Damit man in einer langen Reihe verknüpfter Vernunftschlüsse alle Verwirrung vermeide, so
1) theile man einen langen Beweis in viele Theile, indem
man die vornehmsten Vordersätze, als besondere Lehrsätze,
besonders beweiset. 2) Man verknüpfe nicht lauter ordentliche und förmliche Vernunftschlüsse mit einander. 3) Man
beweise entweder nur die Obersätze der Vorschlüsse, oder
nur ihre Untersätze. 4) Man leite die Schlußsätze aus zu-
sammengezogenen Vernunftschlüssen her §. 401 (epicherema).
5) Man lasse alle Urtheile, die zweimal vorkommen §. 407,
weg, und das wird ein gehäufter Vernunftschluß genant (sorites). Z. E. die Tugend ist den Naturgesetzen gemäs, was den Naturgesetzen gemäs, daß macht mich vollkommener, was mich vollkommener macht, dazu bin ich
verbunden; also bin ich zur Tugend verbunden.

§. 409. Wenn die Vernunftschlüsse, aus denen der
gehäufte Vernunftschluß besteht, aus der ersten Figur sind,
und die Untersätze der Nachschlüsse weggelassen werden, so
ist es ein gemeiner gehäufter Vernunftschluß (sorites
communis). Z. E. das vorhin angeführte Beyspiel. Besteht er aber aus lauter bedingten Vordersätzen, so heißt
er ein bedingter (sorites hypotheticus). Z. E. wenn der
Mensch einen eingeschränkten Verstand hat, so hat er ver-

wor-

worrene Vorſtellungen; wenn er verworrene Vorſtellungen hat, ſo kan er irren; wenn er irren kan, ſo kan er ſündigen; alſo, wenn der Menſch einen eingeſchränkten Verſtand hat, ſo kan er ſündigen.

§. 410. Wenn in einer Reihe verknüpfter Vernunftſchlüſſe Ein oder mehrere Urtheile ausgelaſſen werden,
ſo wird ein Sprung im Beweiſe begangen (ſaltus in
probando). Die ausgelaſſenen Urtheile ſind entweder demjenigen, der durch den Beweis überzeugt werden ſoll, gewiß, und fallen ihm leichte ein; oder nicht. In dem erſten
Falle iſt der Sprung rechtmäßig (ſaltus legitimus), in
dem andern aber unrechtmäßig (ſaltus illegitimus).

§. 411. Wenn ein Schlußſatz aus Vorderſätzen
hergeleitet wird, welche eben ſo ungewiß ſind, als er ſelbſt,
ſo werden die Beweisthümer erbettelt (petitio princi-
pii ſeu quaeſiti). Wenn aber ein Schlußſatz zu ſeinem
eigenen Vorderſatze angenommen wird, ſo nennt man dieſen Fehler die Wiederkehr im Beweiſe (circulus in
probando).

§. 412. Ein Beweis beweiſt zu wenig (probatio minus probans) wenn durch ihn nicht der ganze
Schlußſatz gewiß wird; folgt aber aus einem Beweiſe auſſer dem Schlußſatze etwas, welches falſch oder gar zu verſchieden von dem Schlußſatze iſt, ſo beweiſt er zu viel
(probatio plus probans).

§. 413 Durch Vernunftſchlüſſe kan man 1) die
deutlichſte Gewißheit erlangen, die einem Menſchen möglich iſt §. 355; 2) den Irrthümern am leichteſten wider-
ſtehen; 3) neue Wahrheiten erfinden; und 4) alle Beweisthümer erfinden, die da nöthig ſind, um ein gelehrtes Lehrgebäude aufzuführen u. ſ. w.

* *

Der andere Haupttheil,
von der
Lehrart der gelehrten Erkentniß.

Inhalt.

1. Von der gelehrten Lehrart
a. überhaupt §. 414:420.
b. insonderheit
α. von der gelehrten Lehrart dogmatischer Wahrheiten
421:431.

β. von der gelehrten Lehrart historischer Wahrheiten
432. 433.
2. Von einer Disciplin 434.
3. Vom gelehrten Meditiren
435:438.

§. 414.

Die Lehrart (methodus) ist eine merklichere oder grössere Ordnung der Gedanken. In so ferne mehrere Gedanken auf einerley Art entweder beysammen sind, oder auf einander folgen, in so ferne ist unter ihnen eine Ordnung, welche entsteht, wenn verschiedene Gedanken nach einerley Regeln einander zugeordnet werden.

§. 415. Die Lehrart ist in der Erkentniß §. 414. II, und also entweder eine Ordnung der gemeinen Erkentniß, die gemeine Lehrart (methodus vulgaris), oder der vernünftigen §. 17. 18, die vernünftige Lehrart (methodus rationalis). Zu jener gehört die ästhetische Lehrart §. 19, zu dieser aber die gelehrte Lehrart (methodus erudita, logica, philosophica), die Lehrart der gelehrten Erkentniß §. 21.

§. 416. Die gelehrte Lehrart befördert 1) die Deutlichkeit der gelehrten Erkentniß §. 142. n. 4. 2) Die Wahrheit in einem Lehrgebäude und die Gründlichkeit §. 105. 3) Die Einheit und den durchgängigen Zusammenhang eines Lehrgebäudes. 4) Die Vollkommenheit der gelehrten Erkentniß: denn alle Ordnung ist eine Vollkommenheit. 5) Das Behalten der Wahrheiten durchs Gedächtniß §. 414.

H 4   §. 417.

§. 417. Je mehr Gedanken mit einander verknüpft werden, nach je mehrern und wichtigern gemeinschaftlichen Regeln diese Verknüpfung geschieht, desto grösser und vollkommener ist die Lehrart §. 414. Folglich wird zur grösten Vollkommenheit einer gelehrten Erkentniß erfodert, daß sie so methodisch sey als möglich §. 416.

§. 418. Eine Lehrart verbindet die Gedanken, entweder nur nach einer einzigen gemeinschaftlichen Regel, oder nach mehrern. Jene ist eine einfache (methodus simplex), diese aber eine zusammengesetzte Lehrart (methodus composita). Diese ist vollkommener als jene §. 417.

§. 419. Die Verschiedenheit der Lehrarten rührt, von der Verschiedenheit der Regeln, her, nach welchen die Gedanken einander zugeordnet werden §. 414, und die Verschiedenheit der Regeln fließt, aus der Verschiedenheit der Erkentnißkräfte, und aus der verschiedenen Beschaffenheit der Erkentniß, welche nach einer Lehrart gedacht werden soll.

§. 420. Da die gelehrte Erkentniß eine deutliche Erkentniß aus Gründen ist §. 21. 17, so müssen in der gelehrten Lehrart die Gedanken dergestalt auf einander folgen, daß ihr Zusammenhang dadurch deutlich gewiß werde §. 415. 419. Dieses ist das Grundgesetz der gelehrten Lehrart.

§. 421. Die Lehrart dogmatischer Wahrheiten ist von der Lehrart der historischen unterschieden §. 419. 104. In jener müssen die Gedanken aus einander bewiesen werden, entweder durch eine Demonstration, oder durch einen unzureichenden Beweis §. 191. Wenn das erste ist, so wird sie eine demonstrativische, oder scientifische Lehrart genant (methodus demonstratiua, scientifica, apodictica).

§. 422. In der gelehrten Lehrart dogmatischer Wahrheiten werden lauter Gedanken einander zugeordnet, die entweder die Gründe der Wahrheit, Deutlichkeit und Gewißheit anderer sind, oder die Folgen, oder beydes zugleich §. 421. 420. 15. Also werden die Gründe entweder den Folgen vorgesetzt, oder nachgesetzt. Jene ist die synthetische

thetische (methodus synthetica), diese aber die analytische Lehrart (methodus analytica). Folglich ist die
gelehrte Lehrart entweder synthetisch oder analytisch, sie
mag nun demonstrativisch seyn oder nicht §. 421.

§. 423. Die analytische Lehrart ist sehr unbequem,
wenn man ein weitläuftiges Lehrgebäude nach ihr abhandeln, oder lernen wolte. Sie schickt sich aber sehr gut,
1) wenn man einen Grundriß zu einem Lehrgebäude zeich-
nen will, um dasselbe hernach nach der synthetischen Lehrart
abzuhandeln; 2) wenn man, aus den Folgen und Schluß-
sätzen, die Gründe und Vordersätze erfinden will; 3) wenn
man ein schon gelerntes Lehrgebäude ofte wiederholen will;
4) wenn man die einzeln kürzern Theile eines Lehrgebäudes
recht durchdenken will §. 422.

§. 424. Die synthetische Lehrart ist allemal mit
vielen Unbequemlichkeiten verbunden, wenn man sich derselben in solchen Fällen bedient, wo die analytische angeprie-
sen worden §. 423. Sie hat aber grosse Vortheile, wenn
man sich derselben bedient: 1) wenn man ein schon erfun-
denes Lehrgebäude, im Ganzen betrachtet, durchdenken
und abhandeln will; 2) wenn man dasselbe lernen will;
3) wenn man aus den Gründen und Vordersätzen die Folgen und Schlußsätze erfinden will §. 422.

§. 425. In der synthetischen Lehrart müssen allemal die Gründe eher gedacht werden, als die Folgen §. 422.
Folglich 1) müssen die Begriffe, welche Merkmale anderer Begriffe sind, eher erklärt werden als die andern §. 115,
und also die höhern eher als die niedrigern §. 261. 2) Die
unerweislichen Wahrheiten müssen vor den erweislichen
vorhergehen §. 314, 317. 3) Die Vordersätze müssen eher
gedacht werden als die Schlußsätze §. 356, und also die
Vorschlüsse eher als die Nachschlüsse §. 407. 4) Diejenigen erweislichen Wahrheiten, aus denen andere folgen,
müssen vor diesen vorhergehen. In der analytischen Lehrart verhält sich alles umgekehrt §. 422.

H 5   §. 426.

§. 426. Die synthetische Lehrart, welche nur blos
die Absicht hat, die mathematische Gewißheit der Erkentniß
zu befördern §. 161, heißt die mathematische Lehrart
(methodus mathematica). Sie muß also nicht nur den
Regeln der synthetischen §. 425, aufs allergenaueste gemäs
seyn, sondern vermöge derselben läßt man auch entweder
alles weg, was nicht zur mathematischen Gewißheit unentbehrlich erfodert wird, oder man bringet es in Anmerkungen
§. 340. Sie hat bey sehr schweren Demonstrationen, sonderlich für Anfänger, einen grossen Nutzen; wenn man sich aber
an dieselbe allein gewöhnt, so bekomt man eine blos gelehrte
Erkentniß §. 161, und es ist demnach nicht zu rathen §. 40.

§. 427. Die Kunst (ars) ist ein Inbegrif der Regeln, welche nach einer Ordnung gedacht werden. Die
künstliche Lehrart (methodus artificialis, scholae) ist die
Lehrart, in so ferne sie durch die Kunst gelernt und ausgeübt
wird. Die natürliche Lehrart (methodus naturalis) ist
die Lehrart, in so ferne sie nicht künstlich ist, sondern aus der
Natur der Erkentniß und desjenigen, der da denkt, folget.
Die vermischte Lehrart (methodus mixta) ist die natürliche Lehrart, in so ferne ihr die künstliche zu Hülfe komt.

§. 428. Unter den künstlichen gelehrten Lehrarten
sind die besten 1) die schliessende Lehrart (methodus
syllogistica), wenn man alle Beweise in lauter förmliche
Schlüsse zergliedert, und keine Sprünge begeht. Sie
thut einem Anfänger gute Dienste. Sonst ist sie zu weitläuftig, zu ekelhaft und nicht deutlich genung. 2) Die
Lehrart nach Tabellen (methodus tabellaris), wenn man
alle Glieder der Eintheilungen und Theile des Ganzen so
zusammenordnet, daß daraus erhellet, zu was für einem
höhern Begriffe und Ganzen ein jeder Gedanke gehört.
Sie befördert den deutlichen Begrif von einem ganzen Lehrgebäude, und das Gedächtniß; allein sie fält ofte in das
Gezwungene, die Aufmerksamkeit wird überladen, und die
Gründlichkeit kan durch sie nicht gehörig erlangt werden.
3) Die Lehrart nach einer Zertheilung eines ganzen
Lehr-

Lehrgebäudes, wenn man die Urtheile nach der Verschiedenheit ihrer Subjecte auf einander folgen läßt; daher Capitel, Abschnitte u. s. w. entstehen. Wenn sie mit der synthetischen verbunden wird, so hindert sie die Gründlichkeit nicht, und schaft den Nutzen der Lehrart nach Tabellen.

§. 429. Wenn man ein Lehrgebäude abhandeln will, so muß es nach der synthetischen, und in einigen Fällen nach der analytischen Lehrart geschehen §. 423. 424, denn sie schicken sich für die Natur eines Lehrgebäudes §. 420. Was nun von allen übrigen künstlichen Lehrarten damit verbunden werden kan, entweder die Deutlichkeit und Gewißheit zu befördern, oder das Gedächtniß, oder die Ordnung zu vermehren, das verknüpfe man mit der synthetischen und analytischen Lehrart. Folglich ist das gezwungene Wesen in der Lehrart (affectatio in methodo) ein Fehler, 1) wenn die künstliche Lehrart nichts taugt, der Natur zuwider ist, und ganz willkührlich ist; 2) wenn man sich an eine einfache Lehrart zu genau bindet, und von derselben niemals eine Ausnahme machen will; 3) wenn man die Regeln der Lehrart gar zu genau und ängstlich beobachtet.

§. 430. Die gelehrte Lehrart muß natürlich und ungekünstelt seyn §. 429. Sie muß also der Natur der gelehrten Erkentniß gemäs seyn, und ohne ängstliche Mühe beobachtet werden. Folglich muß sie dem Kopfe desjenigen, der nach ihr denken will, gemäs seyn. Wem es also gegeben ist, der kan sich 1) der socratischen Lehrart (methodus socratica) bedienen, vermöge welcher die Gedanken so auf einander folgen, wie sie einander, als Fragen und Antworten in dem Gespräche mehrerer Personen, veranlassen; 2) der platonischen Lehrart (methodus platonica), vermöge welcher die Gedanken, wie in einer freyen Rede, auf einander folgen, so daß alle Arten der gelehrten Gedanken unter einander gemengt werden, ohne daß man förmliche und offenbare Schlüsse machet.

§. 431. Wenn man ein Lehrgebäude nach der synthetischen Lehrart abhandeln will, so muß man 1) nur Eine
Wahr-

Wahrheit zum Grunde legen, aus welcher alles übrige hergeleitet wird, damit das Lehrgebäude eine Einheit und einen
durchgängigen Zusammenhang bekomme, damit es nicht
mehr und nicht weniger enthalte, als nöthig ist. 2) Man
lege eine Zertheilung zum Grunde, und sondere das Lehrgebäude in einige Abschnitte ab, doch so, daß keine Ausnahme von der synthetischen Lehrart dadurch gemacht werde.
3) Die gelehrten Gedanken müssen folgendergestalt auf einander folgen. a) Zuerst kommen die Erklärungen; b) alsdenn
folgen entweder die unerweislichen Wahrheiten oder die anschauenden Urtheile; c) alsdenn die erweislichen Wahrheiten: d) Die Zusätze und Anmerkungen werden überal ein-
gestreuet, wo sie nöthig und nützlich sind §. 420. 425.

§. 432.   Die Lehrart historischer Wahrheiten §. 421.
muß der Natur der historischen Wahrheiten gemäs seyn
§. 419; folglich muß man sie in der Ordnung denken,
in welcher ihre Gegenstände entweder dem Raume
oder der Zeit nach mit einander verbunden sind.
Dahin gehört also die chronologische Lehrart (methodus chronologica), wenn man die Begebenheiten in eben
der Folge denkt, als sie auf einander würklich erfolgt sind;
und die geographische Lehrart (methodus geographi-
ca), vermöge welcher man die Begebenheiten, die an einem
Orte sich zutragen, oder zugetragen haben, nach der chro-
nologischen Lehrart denkt.   Weil nun auch die würklichen
Begebenheiten der Welt zusammenhängen, und ein Mensch
ofte diesen Zusammenhang einsehen kan, so kan man, wenigstens ofte, bey historischen Wahrheiten sich auch der vernünftigen Lehrart bedienen §. 415.

§. 433.   Die beste gelehrte zusammengesetzte Lehrart
kan einem Menschen eine Unordnung zu seyn scheinen, der ihre
Regeln nicht kent, oder der sich an eine andere Lehrart gewöhnt
hat, oder nur an eine einfache.   Deswegen aber kan man
einer solchen Lehrart keinen gegründeten Vorwurf machen.

§. 434.   Eine Doctrin, eine Lehre (doctrina)
ist ein Inbegrif dogmatischer Wahrheiten, welche einen
und

und eben denselben Gegenstand haben.   Eine Disciplin
(disciplina) ist eine Lehre in so ferne sie methodisch erkant
wird.   Eine demonstrirte Disciplin ist eine Wissenschaft
(scientia obiectiue spectata).   Die gelehrte Erkentniß ist
immer im Anfange eine Doctrin, alsdenn giebt man ihr
die Gestalt einer Disciplin, und endlich die Gestalt einer
Wissenschaft, und alsdenn hat sie ihre gröste Vollkommenheit erreicht.

§. 435.   Wer da denkt, der denkt entweder nach
einer Lehrart, oder nach keiner §. 414.   Jener denkt methodisch (methodice cogitare, methodicum, acroamati-
cum, disciplinale in cognitione), dieser aber tumultua-
risch (tumultuaria cognitio).   Keine tumultuarische Erkentniß kan recht gelehrt seyn §. 416.

§. 436.   Das Meditiren (meditatio) ist diejenige
Beschäftigung unserer Erkentnißkräfte, durch welche wir
einer Sache nach den Regeln einer Lehrart nachdenken.
Geschicht es nach den Regeln der gelehrten Lehrart, so ist
es ein gelehrtes Meditiren (meditatio erudita), welches
so mancherley ist, als es verschiedene Arten der gelehrten
Lehrart gibt.   Ohne diesem gelehrten Meditiren können
wir, keine gelehrte Erkentniß, erlangen.

§. 437.   Wer gelehrt meditiren will 1) der erwähle sich
einen Gegenstand, auf welchen er seine Aufmerksamkeit richtet; 2) er
denke nach und nach die Merkmale desselben, welche seine Erklärung, die unerweislichen, und endlich die erweislichen Prädicate desselben ausmachen.   Diese hat man entweder schon gelernt, und da
thut man gut, wenn man beym Meditiren schreibt; oder man will
sie lernen, und da muß man in einem Buche lesen, oder dem mündlichen Vortrage zuhören; oder man will sie erst erfinden.   2) Man
untersuche, ob das, was man denkt, ein Begrif, ein Urtheil, ein
Lehrsatz u. s. w. sey, und überlege es so lange, bis man allen Regeln Gnüge geleistet, welche die Vernunftlehre bey einer jeden Art
der gelehrten Gedanken vorschreibt.

§. 438.   Es ist eine Schande, wenn man aus Pedanterey alle
Arten zu denken verachtet, die nicht über den Leisten derjenigen Lehrart
geschlagen sind, in die man sich verliebt hat, und wenn man, wie ein
Charlatan, aus der Lehrart, die man liebt, zu viel Wesens macht.

Der

Der dritte Haupttheil,
von dem gelehrten Vortrage.

***

Der erste Abschnitt,
von dem Gebrauche der Worte.

Inhalt.

§. 439.

Die logische Bezeichnungskunst (logica cha- racteristica heuristica) ist die Wissenschaft der Regeln, die man beobachten muß, wenn man die gelehrte Erkentniß auf eine geschickte Art bezeichnen will. Die logische Auslegungskunst (hermeneutica logica) ist die Wissenschaft der Regeln, wie man auf eine gelehrte Art aus den Zeichen die bezeichneten Sachen erkennen soll.

§. 440. **Ein Zeichen** (signum, symbolum) ist ein Mittel, durch dessen Gebrauch die Würklichkeit eines andern Dinges erkant werden kan, welches andere Ding die bezeichnete Sache oder die Bedeutung (signatum, significatus) genant wird. **Ein Ausdruck** (terminus) ist ein Zeichen der Erkentniß; die Ausdrücke, welche ge= wöhnlicher Weise in einer menschlichen Stimme bestehen, heissen **Worte** (vocabulum). Die durch die Ausdrücke

und

und Worte bezeichnete Erkentniß wird die Bedeutung
deſſelben genant (ſignificatus vocabuli et termini).

§. 441.   Diejenige Bedeutung, welche derjenige,
der das Wort braucht, durch das Wort bezeichnen will,
iſt die wahre Bedeutung (ſignificatus hermeneutice
verus).   Eine jede andere Bedeutung aber iſt die falſche
(ſignificatus hermeneutice falſus).   Die wahre Bedeutung kan ein falſcher Begrif, und die falſche ein wahrer
Begrif ſeyn.

§. 442.   Die Rede (oratio) iſt eine Reihe Worte,
welche Vorſtellungen bezeichnet, die mit einander verknüpft
ſind.   Dieſe Reihe der Vorſtellungen heißt der Sinn
der Rede (ſenſus orationis), welcher entweder ein wahrer Sinn iſt (ſenſus hermeneutice verus), wenn ihn
der Redende hat bezeichnen wollen, oder ein falſcher
(ſenſus hermeneutice falſus), wenn er nicht der wahre iſt.
Der Vortrag (propoſitio) iſt die Hervorbringung einer
Erkentniß in andern, vermittelſt einer Rede, es mag nun
derſelbe entweder ein mündlicher oder ſchriftlicher Vortrag ſeyn.

§. 443.   So viele Arten der Erkentniß es giebt,
ſo viele Arten der Rede und des Vortrages giebt es auch
§. 442.   Es giebt alſo gemeine Reden, äſthetiſche Reden,
vernünftige Reden, und auch dergleichen Arten des Vortrages §. 17. 18. 19.   Eine gelehrte Rede (oratio erudita) iſt eine Rede, deren Sinn eine gelehrte Erkentniß iſt
§. 21, und wir tragen etwas auf eine gelehrte Art
vor (erudite proponere), wenn wir, durch eine gelehrte
Rede, in andern eine gelehrte Erkentniß hervorbringen.

§. 444.   Die gelehrte Rede muß, nebſt allen
ihren Theilen, dergeſtalt beſchaffen ſeyn, daß die
höchſte Vollkommenheit der gelehrten Erkentniß
nicht gehindert, ſondern befördert und bezeichnet
werde §. 442.   Man muß alſo in derſelben 1) alle äſthe-
tiſchen Regeln der Rede beobachten, welche der logiſchen
Vollkommenheit der Erkentniß nicht zuwider ſind §. 34.
2) Alle

2) Alle ästhetischen Vollkommenheiten vermeiden, welche
der erforderten logischen Vollkommenheit der Rede zuwider
sind §. 34.

§. 445. Eine Rede ist entweder blos gelehrt
(oratio mere erudita), wenn sie nichts weiter als eine
blos gelehrte Erkentniß bezeichnet, in dem entgegengesetzten Falle aber ist sie keine blos gelehrte Rede (oratio
non mere erudita). Und eben so ist der gelehrte Vortrag verschieden §. 443. Die letzten sind die besten §.
40. 32.

§. 446. Der gelehrte Ausdruck muß weitläuftig seyn §. 25. 444. Folglich 1) muß ein Gelehrter
so viele Ausdrücke wissen, als erfordert werden, alle seine
gelehrte Gedanken zu bezeichnen. 2) Man muß alle nöthige Kunstwörter seiner Hauptwissenschaft wissen, und im
Falle der Noth ist es erlaubt, neue Ausdrücke zu erfinden.
Ein Kunstwort (terminus technicus) ist ein Ausdruck,
welcher ausser einer Kunst oder Disciplin gar nicht gebraucht
werden darf. 3) Man muß alle gleichvielbedeutende
Ausdrücke wissen (synonyma), oder alle Ausdrücke die
einerley bedeuten. 4) Der gelehrte Ausdruck muß alles
bezeichnen, was man denkt, und weder mehr noch weniger
bezeichnen, als man sagen will. 5) Man muß alle Bedeutungen eines Ausdrucks wissen, die es, durch den gemeinen und gelehrten Gebrauch zu reden, schon bekommen
hat. Der gemeine Gebrauch zu reden (vsus loquen-
di) ist die Uebereinstimmung im gemeinen Leben, vermöge
welcher Leute, die eine Sprache reden, mit gewissen Worten eine oder mehrere Bedeutungen verbinden. Der gelehrte Gebrauch zu reden (receptus terminorum significatus) ist eben dergleichen Uebereinstimmung dererjenigen, die sich einer Disciplin befleißigen.

§. 447. Der gelehrte Ausdruck muß, für die
gelehrte Erkentniß, groß, wichtig und anständig
genung seyn §. 444. 26. Folglich muß man in dem gelehrten Vortrage alle niederträchtigen, lächerlichen und pö-

belhaf-

belhaften Ausdrücke vermeiden, welche nur unter dem Pöbel gebräuchlich sind.

§. 448. Der gelehrte Ausdruck muß richtig seyn §. 444. 27. Ein wahrer Ausdruck (terminus verus) muß seine wahre Bedeutung §. 441 richtig bezeichnen; ein Ausdruck, der nicht wahr ist, ist ein falscher Ausdruck (terminus falsus).

§. 449. Ein Ausdruck ist falsch: 1) wenn seine Bedeutung ein falscher Begrif ist, und derjenige, welcher den Ausdruck braucht, von der Unrichtigkeit der Bedeutung überzeugt ist; 2) wenn wir einen Ausdruck zu verstehen glauben, da wir ihn doch nicht verstehen; ein solcher falscher Ausdruck ist ein leerer Ausdruck, oder ein leeres Wort (terminus inanis). Wir verstehen einen Ausdruck (terminum intelligere), wenn wir aus ihm seine Bedeutung erkennen. Ein leeres Wort entsteht: a) wenn wir, den Begrif von dem Worte selbst, für seine Bedeutung halten §. 440. b) wenn die Bedeutung des Worts ein irriger oder betrügerischer Begrif ist (conceptus deceptor), ein Begrif, den wir zu haben glauben, da wir doch keinen haben. 3) Wenn er einen wahren Begrif nicht richtig bezeichnet §. 448.

§. 450. Ein geläufiger Ausdruck (terminus familiaris) ist ein Ausdruck, den wir uns angewöhnt haben, oder den wir zu verstehen glauben, ob wir ihn gleich nicht verstehen, weil wir auf seine Bedeutung nicht achtung geben. Solche Ausdrücke können wahre Ausdrücke seyn; allein wir stehen bey ihrem Gebrauche in der gröſten Gefahr, leere Ausdrücke auszuhecken, wenn wir ein Paar geläufige Ausdrücke mit einander verbinden, deren Bedeutungen unmöglich sind, oder einander widersprechen §. 449. Daher können Leute von nichts reden, und doch einander zu verstehen scheinen, wenn sie nemlich Ausdrücke gebrauchen, die ihnen geläufig sind.

§. 451. Ob man gleich in den gelehrten Reden die falschen Ausdrücke der ersten Art §. 449 nicht vermeiden

J

kan,

kan, wenn man Irrthümer widerlegen muß; so muß m
doch alle andere falsche und leere Ausdrücke vermeide
weil aus ihrem Gebrauche Gedankenlosigkeit und Irrth
mer entstehen. Zu dem Ende muß man keinen Ausdru
brauchen, 1) dessen Bedeutung man nicht erkant hat, un
2) dessen Bedeutung man nicht untersucht hat, ob sie ei
wahrer oder falscher Begrif ist.

§. 452. Ein grober Ausdruck (terminus cral
sus) ist ein Ausdruck, dessen Bedeutung eine grobe Er
kentniß ist §. 102. Der Gebrauch der leeren Ausdrü
in den gelehrten Reden ist die Wortkrämerey der Ge
lehrten, da man Worte für Sachen verkauft. Z. E
wenn ein Gelehrter den Grund von einer Sache angeb
soll, und er hat die Sache mit einem Ausdrucke bezeichne
den er hernach als den Grund anführet, so verkauft
Worte für Sachen. Alles dieses muß man vermeide
§. 451.

§. 453. Der gelehrte Ausdruck muß klar sey
§. 444. 28. Man muß sie also nicht nur selbst von andern
Ausdrücken gehörig unterscheiden können, sondern ihre Be
deutung muß auch hinlänglich klar seyn. Ein dunkler
Ausdruck (terminus obscurus) hat eine dunkele Bedeu
tung, ein klarer (terminus clarus) eine klare u. s.
Ein dunkeler Ausdruck ist deswegen kein leerer §. 449 und
ein Ausdruck der mir dunkel ist, ist deswegen nicht schled
terdings und andern leuten dunkel §. 126.

§. 454. Aus einem Ausdrucke kan seine Bedeu
tung entweder klar erkant werden, oder nicht. Jener ist
ein verständlicher (terminus intelligibilis), dieser aber
ein unverständlicher Ausdruck (terminus non intelli
gibilis). Ob man nun gleich in einer gelehrten Rede nicht
lauter Ausdrücke brauchen kan, die allen leuten verständ
lich sind; so muß man doch lauter solche Ausdrücke
brauchen, welche auch Leuten von mittelmäßigem
Verstande, und die der Sprache mittelmäßig

tig sind, verständlich seyn können, wenn sie auf die Rede auch nur mittelmäßig achtung geben §. 453.

§. 455. Wer sich in einer gelehrten Rede der allerverständlichsten Ausdrücke bedienen will §. 454, 1) der muß, die bekantern und gewöhnlichern Ausdrücke, den unbekantern und ungewöhnlichern vorziehen, wenn sie übrigens einander gleich sind. 2) Er muß mit dem Ausdrucke allemal diejenige Bedeutung verbinden, welche durch den Gebrauch zu reden, sowol im gemeinen leben als auch in den Disciplinen, damit verbunden ist §. 446, bis ihn die Noth zum Gegentheil zwingt; 3) er muß, wenn der Gebrauch zu reden mannigfaltig ist, mit den Ausdrücken die allergewöhnlichsten Bedeutungen (significatus famosissimus) verknüpfen, das ist, diejenigen, welche von den meisten in den meisten Fällen mit dem Ausdrucke verbunden sind; 4) wenn in einem gewissen Falle die drey vorhergehenden Regeln nicht zureichen, so erkläre man diejenige Bedeutung, in welcher man einen Ausdruck nimt §. 268.

§. 456. Der gelehrte Ausdruck muß gewiß seyn §. 444. 29. Ein gewisser Ausdruck (terminus certus) ist so beschaffen, daß man nicht nur gewiß weiß, er habe eine Bedeutung, sondern er habe auch eben diese und keine andere Bedeutung. Ein Ausdruck ist ungewiß (terminus incertus), wenn er nicht gewiß ist; und durch den Gebrauch ungewisser Ausdrücke wird die Rede auf Schrauben gesetzt.

§. 457. Ein zweydeutiger Ausdruck (terminus ambiguus, homonymus, vagus) hat nicht immer Eine Bedeutung; so bald er sie bekomt, wird seine Bedeutung festgesetzt (terminus fixus). Die Zweydeutigkeit des Ausdrucks hindert seine Gewißheit §. 456; man muß also die unter ihm verborgen liegende Erkentniß aus ihm zu erkennen §. 444. 30. Folglich muß er mit allen Vollkommenheiten, welche der gelehrten Erkentniß nicht zuwider sind, ausgeschmückt werden, daß man ihn gern und mit Lust lese oder höre.

§. 459. Bey dem Gebrauch der Worte in den logischen Erklärungen sind noch vier Regeln zu beobachten: 1) Man muß auch in den Erklärungen den Gebrauch zu reden beobachten, so lange es möglich ist §. 455. 2) Man muß weder den Ausdruck des erklärten Begrifs, noch die gleichgültigen Ausdrücke desselben, in die Rede setzen, welche die Erklärung bezeichnen; denn alsdenn würde die Erklärung nicht deutlicher seyn, als der erklärte Begrif §. 275. 446. 3) Eine Erklärung muß mit so wenig Worten ausgedruckt werden, als es ohne Nachtheil der Deutlichkeit geschehen kan; damit durch zu viele Worte die Aufmerksamkeit nicht zerstreuet werde.

§. 460. Diejenige Bedeutung, um welcher willen ein Wort erfunden worden und gebraucht wird, und wenn es sonst auch gar keine Bedeutung haben solte, heißt die eigentliche Bedeutung (significatus proprius), die andern Bedeutungen sind uneigentliche (significatus improprius). Wenn man ein Wort braucht, um jene zu bezeichnen, so ist es ein eigentliches (terminus proprius); braucht man es aber um diese zu bezeichnen, so ist es ein uneigentliches Wort (terminus improprius). Bey einem uneigentlichen Worte denken wir ausser der uneigentlichen Bedeutung allemal die eigentliche, ob man gleich von einer jeden einen ausführlichen Begrif haben solte, ohne an die andere zu denken. Daher muß man in dem Ausdrucke der logischen Erklärungen alle uneigentlichen Ausdrücke verhüten, weil widrigenfals die Erklärung zu weitläuftig seyn würde §. 270, und wenn wir in der Sprache manchmal keine eigentlichen Ausdrücke finden, so müssen wir ein uneigentliches Wort, durch die Erklärung seiner uneigentlichen Bedeutung, vorher in ein

eigent-

eigentliches verwandeln, ehe wir es in einer andern Erklärung brauchen.

§. 461. Wenn man, die Bedeutung eines vielbe-
deutenden Worts, erklären soll; so können wir eine unter
seinen mehrern Bedeutungen erklären, welche uns gefällig
ist, wenn die mehrern Bedeutungen in einem gleichen Grade gewöhnlich sind. Und in dieser Absicht sind die Erklärungen ofte willführlich.

§. 462. Ein Urtheil, welches durch Ausdrücke bezeichnet wird, heißt ein Satz (propositio, enunciatio).
Ein Satz, in welchem nicht alle Begriffe mit besondern
Ausdrücken bezeichnet werden, heißt ein versteckter Satz
(propositio cryptica). Die Ausdrücke, welche die Grösse
des Urtheils bezeichnen, heissen die Zeichen der Grösse.
In einem Satze sind entweder die Zeichen der Grösse, oder
nicht (propositio definita, et indefinita). Die letzten werden durch den Sprachgebrauch allgemein verstanden, und
wer also nicht unrecht will verstanden seyn, der muß die
Zeichen der Grösse in den Sätzen nicht auslassen, die er
nicht allgemein will verstanden wissen. Ein Satz wird
verstanden, wenn alle in demselben befindliche Ausdrücke
verstanden werden §. 449.

§. 463. Ein Vernunftschluß, wenn er durch Ausdrücke bezeichnet wird, heißt eine Schlußrede (syllogis-
mus). Man hüte sich, daß man die Schlußreden nicht
immer nach einer Ordnung, und mit einerley Kunstworten
vortrage. Und wenn man die Schlußreden versteckt oder
verstümmelt, so richte man sich nach dem Zuhörer, damit
er nicht irre gemacht werde, und sich aller ausgelassenen
Sätze erinnern könne. Diejenigen Betrugschlüsse, welche
blos auf der Zweydeutigkeit der Ausdrücke beruhen (so-
phisma ambiguitatis, amphiboliae), sind kaum der Mühe werth, daß man ihrer Erwehnung
thue.

Der

Der andere Abschnitt,
von der gelehrten Schreibeart.

Inhalt.

§. 464.

Die gelehrte Schreibeart (stilus eruditus, philoso-
phicus), ist die Uebereinstimmung, oder Aehnlich-
keit der Art und Weise, wie man gelehrt redet.

§. 465. Da die gelehrte Schreibeart ein Theil der
gelehrten Rede ist §. 464. 443, so hat sie mit derselben einerley Absicht, nemlich die gelehrte Erkentniß bey sich selbst
und andern zu befördern. Eine gute gelehrte Schreibeart (stilus eruditus perfectus) muß also die gelehrte
Erkentniß und ihre Vollkommenheiten befördern, welche aber dieselben hindert, ist eine schlechte gelehrte
Schreibeart (stilus eruditus imperfectus).

§. 466. Zu den Vollkommenheiten der gelehrten
Schreibeart gehören 1) alle Beschaffenheiten derselben, ohne welchen die Vollkommenheiten der gelehrten Erkentniß
nicht erhalten werden können; 2) alle übrige Schönheiten
der Schreibeart, wenn sie der Vollkommenheit der gelehrten Erkentniß nicht zuwider sind. Ohne diesen würde die
Schreibeart blos gelehrt seyn. Zu den Unvollkommenheiten der gelehrten Schreibeart gehören: 1) alle Beschaffenheiten derselben, wodurch die Vollkommenheit der gelehrten
Erkentniß gehindert wird, und solten es auch gleich Schönheiten seyn; 2) alle Beschaffenheiten, wodurch Unvollkommenheiten in der gelehrten Erkentniß verursacht werden; 3) alle Unvollkommenheiten, welche in keiner Schreibeart geduldet werden können §. 465.

§. 467.

§. 467. Die gelehrte Schreibeart muß dergestalt eingerichtet werden, daß durch dieselbe, die Deutlichkeit der Erkentniß der Wahrheit aus Gründen, aufs beste befördert werde §. 465. Dieses ist das Grundgeseß der gelehrten Schreibeart.

§. 468. 1) Die gelehrte Schreibeart muß deutlich seyn §. 467. Die Deutlichkeit der gelehrten Schreibeart (perſpicuitas ſtili eruditi) iſt die Vollkommenheit derſelben, vermöge welcher ſie die Deutlichkeit der bezeichneten Erkentniß nicht hindert, ſondern befördert. Die entgegengeſeßte Unvollkommenheit iſt ihre Dunkelheit (obſcuritas ſtili eruditi). Um die Schreibeart deutlich zu machen, muß man 1) lauter klare Ausdrücke brauchen §. 453·455; 2) man muß nicht zu kurz, ſondern wortreich reden; 3) man muß die Theile der Rede ſo mit einander verbinden, daß daraus die Verbindung der Gedanken aufs deutlichſte und leichteſte erkant werden kan. Folglich muß man a) alle ſeltenen und ſchweren Wortfügungen vermeiden; b) die Wortfügungen nicht verwerfen; c) man muß die Ausdrücke, welche die Verbindungen der Gedanken bezeichnen, nicht gar zu häufig auslaſſen; d) man muß nicht zu viele Einſchiebſel machen; e) man muß die Puncte nicht gar zu lang machen. Ein Saß, welcher kein Theil eines andern Saßes iſt, wird ein Punct (punctum) genennet. Alſo muß man kürzere und längere Puncte unter einander mengen.

§. 469. 2) Die gelehrte Schreibeart muß, ſo viel als möglich iſt, rein ſeyn §. 467. Die Reinigkeit der gelehrten Schreibeart (puritas ſtili eruditi) beſteht in der Uebereinſtimmung derſelben mit der verbeſſerten Natur der Sprache. Die entgegengeſeßte Unvollkommenheit iſt die Unreinigkeit derſelben (impuritas ſtili eruditi). Da eine reine Schreibeart gefält, ſo reißt ſie die Aufmerkſamkeit des Leſers und Zuhörers, und ſie befördert alſo die Deutlichkeit der gelehrten Erkentniß §. 142.

§. 470. Wenn die Reinigkeit der Schreibeart ihre Deutlichkeit hindern ſolte, ſo muß man von der erſten eine

J 4

eine

eine Ausnahme machen §. 35. 21. Eine solche nothwen
dige Unreinigkeit ist nur eine Scheinunvollkommenheit de
gelehrten Schreibeart §. 466.

§. 471. Um der Reinigkeit der gelehrten Schrei
beart willen muß man vermeiden: 1) alle Zwitterwörte
(vox hybrida), deren Theile aus verschiedenen Sprachen
genommen sind; 2) alle grammatischen Fehler; 3) alle bar
bari'chen Ausdrücke; 4) alle Ausdrücke aus fremden Spra
chen, und fremde Wortfügungen, sie müsten denn schon
das Bürgerrecht erhalten haben; 5) alle veralteten Aus
drücke und Wortfügungen; 6) alle neuen Wörter und
Kunstwörter; 7) alle Vielheit der Ausdrücke, wenn man
stat derselben sich Eines Ausdrucks bedienen kan, ob er
gleich unrein ist §. 469. Von allen diesen Regeln kan
man um §. 470 willen Ausnahmen machen.

§. 472. In Absicht auf die Reinigkeit der gelehr
ten Schreibeart muß vermieden werden: 1) die nachlässige
und unachtsame Barbaren schulfüchsischer Gelehrten, ver
möge welcher sie die Reinigkeit der Schreibeart ganz und
gar versäumen; 2) die gar zu grosse Liebe zur Reinigkeit
der Schreibeart, wenn man so gar zum Nachtheil der
Vollkommenheit der gelehrten Erkentniß die Reinigkeit
recht gezwungen zu erhalten sucht §. 466.

§. 473. 3) Die gelehrte Schreibeart muß, so
viel als möglich ist, füglich seyn. Die Füglichkeit
der Schreibeart (concinnitas stili) besteht in der propor
tionirten Uebereinstimmung der Theile einer Rede, z. E.
wenn man Perioden macht. In einer blos gelehrten Re
de kan diese Vollkommenheit nicht erhalten werden, allein
in einer gelehrten Rede, die nicht blos gelehrt ist, muß
man in denen Stellen, wo man zugleich schön denkt, auch
für diese Vollkommenheit aufs möglichste sorgen §. 467. 445,
weil sie den Ausdruck angenehmer macht §. 458.

§. 474. 4) Die gelehrte Schreibeart muß zier
lich seyn, so viel als möglich ist §. 467. Die Zierlich
keit der Schreibeart (ornatus stili eruditi) besteht darin,

wenn

wenn an ſtat gewiſſer Ausdrücke andere gebraucht werden,
woburch eben die Begriffe, aber auf eine ſchönere Art, bezeichnet werden. In denenjenigen Theilen, wo die Rede
blos gelehrt iſt, iſt keine zierliche Schreibeart möglich;
wenn aber die gelehrte Rede zugleich ſchön ſeyn muß, ſo
muß auch die gelehrte Schreibeart zierlich ſeyn §. 445.

§. 475. 5) Die gelehrte Schreibeart muß, ſo
viel als es möglich iſt, wohlklingend ſeyn §. 467.
Der Wohlklang der Schreibeart (ſonoritas ſtili)
beſteht in derjenigen Vollkommenheit, vermöge welcher ſie
den Ohren gefält §. 458. Dieſe Vollkommenheit muß
man ſonderlich in denenjenigen Stellen einer gelehrten Rede ſuchen, da die Rede nicht blos gelehrt iſt §. 445.

§. 476. lauter einfache Sätze, und gar zu weitläuftige Puncte verdunkeln die Schreibeart §. 468. In einer
gelehrten Rede müſſen alſo, auch um der Füglichkeit und des
Wohlklanges der Schreibeart willen §. 473 475 die einfachen
und zuſammengeſetzten Puncte mit mittelmäßig ſchönen Perioden abwechſeln, nachdem die bezeichneten Gedanken blos
gelehrt, oder zu gleicher Zeit mehr oder weniger ſchön ſind.

§. 477. 6) Die gelehrte Schreibeart muß ſo
viel als möglich iſt, ſchicklich ſeyn §. 467. Die
Schicklichkeit der Schreibeart (congruentia ſtili),
iſt diejenige Vollkommenheit, vermöge welcher ſich die
Schreibeart für die bezeichnete Erkentniß, die redende Perſon und die Zuhörer ſchickt, und denſelben gemäs iſt.
Folglich muß die gelehrte Schreibeart für die gelehrte Erkentniß wichtig genung ſeyn §. 447, und alſo nicht lächerlich, pöbelhaft, niederträchtig. Und ſie muß demjenigen, der
ſich ihrer bedient, natürlich, und alſo nicht gezwungen ſeyn.

§. 478. Um der Schicklichkeit der gelehrten Schreibeart willen muß ſie 1) in denjenigen Stellen, wo man blos
gelehrte Gedanken ausdruckt, nicht ſo rein, füglich, zierlich
und wohlklingend ſeyn; als 2) in denjenigen Stellen,
wo Gedanken ausgedruckt werden, die zugleich
ſchön ſind §. 477.

J 5   Der

Der dritte Abschnitt,
von einer gelehrten Rede.

Inhalt.

§. 479.

Der gelehrte Vortrag ist entweder ein mündlicher Vortrag oder ein schriftlicher, das ist, ein gelehrtes
Buch oder eine gelehrte Schrift (liber, scriptum).
Wer einen gelehrten Vortrag hält, der ist ein Lehrer, und
wer seine gelehrte Erkentniß aus dem Vortrage eines andern erlangt, der lernt sie, und ist ein Schüler, er mag
nun entweder ein Leser oder ein Zuhörer seyn.

§. 480. Der Sinn einer gelehrten Rede muß
eine gelehrte Erkentniß seyn, die allen Regeln der
Vollkommenheit derselben gemäs ist §. 10=438, und
der Ausdruck muß so beschaffen seyn, wie wir bisher gezeiget haben §. 439=478. Wir müssen also in
einer gelehrten Rede alle Theile der gelehrten Erkentniß,
und zwar in der Folge vortragen, wie sie auf einander folgen müssen, wenn eine gelehrte Erkentniß entstehen soll.

§. 481. Eine gelehrte Rede muß auf eine
ausführliche Art weitläuftig seyn §. 480.41=65. Sie
muß also weder zu kurz seyn (oratio erudita nimis bre-
uis), wenn sie weniger von dem Gegenstande sagt, als zu
der vollkommensten gelehrten Erkentniß zureicht; noch gar
zu weitläuftig (oratio erudita nimis prolixa), wenn sie
mehr sagt, als zur Erlangung einer vollkommenen gelehrten Erkentniß nöthig ist.

§. 482. Eine gelehrte Rede kan in Absicht auf einen zu weitläuftig, in Absicht auf den andern zu kurz, und

in

in Abſicht auf den dritten ausführlich ſeyn. §. 481. Folglich ie weniger Fähigkeit ein Schüler beſitzt, ie weniger er
ſchon gelernt hat, und ie weniger er ſich auf einen Gegenſtand legt, deſto kürzer muß der gelehrte Vortrag für ihn
ſeyn. Ein Schüler von der entgegengeſetzten Art muß,
durch einen weitläuftigern Vortrag, unterwieſen werden.

§. 483. Eine gelehrte Rede muß wichtig genung ſeyn §. 480. 66-91. 447. 477. Der Gegenſtand
derſelben muß alſo keine nichtswürdige Kleinigkeit ſeyn.

§. 484. Eine gelehrte Rede muß ſo richtig
ſeyn, als möglich §. 480. 92-114. 448-452. Ein Gelehrter, welcher ſelbſt irret, und noch dazu ſeine Irrthümer ausbreitet, iſt ein Verführer anderer Leute, und dop-
pelt unvollkommen. Man muß alſo ſeine eigene Erkentniß vorher aufs ſorgfältigſte unterſuchen, ehe man ſie vorträgt.

§. 485. Eine gelehrte Rede muß deutlich
und verſtändlich ſeyn §. 480. 114-154. 468. Es iſt
alſo ein Fehler, 1) wenn der Lehrer ohne Verſtand redet,
oder wenn ſeine Rede gar keinen Sinn hat; 2) wenn ſeine
Worte und Wortfügungen dunkel und zu ſchwer ſind;
3) wenn er ſelbſt nicht verſtanden werden kan. Ein Re-
dender wird verſtanden (proponens intelligitur), wenn
man mit ſeinen Worten eben die Reihe der Vorſtellungen
verbindet, welche er durch dieſelbe hat bezeichnen wollen.
Man kan alſo ofte die Rede verſtehen, ohne den Redenden
zu verſtehen §. 449. Ein Lehrer muß alſo entweder ſelbſt
erklären, in was für Bedeutungen er ſeine Worte nimt,
oder er muß keinen andern Begrif mit ihnen verknüpfen,
als von welchen er weiß, daß ſie der Schüler ſchon habe,
und mit den Worten verknüpfe.

§. 486. Wenn ein Lehrer verworrne Erkentniß
vorträgt, ſo muß ſie ſein Schüler entweder ſchon beſitzen,
und er bringt ſie ihm durch den Vortrag nur ins Gedächtniß, oder er muß ſie ihm auf eine andere Art als durch
den Vortrag beybringen. Die deutliche Erkentniß kan
nur

nur durch den Vortrag in andern hervorgebracht werd
§. 14. Ein Lehrer muß also eine sehr deutliche Erkenntn
besitzen.

§. 487. Der gelehrte Vortrag wird deutlich
1) durch eine deutliche Schreibart §. 468. 2) Durch di
Beobachtung einer bequemen Lehrart §. 416. 3) Wen
man die abstracte Erkenntniß durch schöne Beyspiele erläu
tert. 4) Man trage eine Sache, wenn sie es ihrer Wich
tigkeit wegen verdient, auf eine vielfältige und mannigfal
tige Art vor, und man bediene sich der ästhetischen erläu
ternden Argumente. 5) Das Angenehme und Muntere
im Vortrage befördert die Aufmerksamkeit, und also auch
die Deutlichkeit.

§. 488. Eine gelehrte Rede muß überzeu
gend und gründlich seyn §. 480. 155. 215. Es ist also
ein Fehler, 1) wenn ein Lehrer gar keine Beweise führt,
alsdenn, wenn er eine erweisliche Erkenntniß vorträgt;
2) wenn seine Beweise nicht in dem Grade gewiß sind, und
von der Art der Gewißheit, als die vorzutragende Erkent
niß erfodert; 3) wenn er seinen Schülern einen blauen
Dunst vormacht (fucus logicus), das ist, wenn er statt
der Ueberzeugung eine bloße Ueberredung bey ihnen hervor
bringt §. 184.

§. 489. Eine gelehrte Rede muß practisch
seyn §. 480. 216. 248. Alles, was wir bisher von der ge
lehrten Rede angemerkt haben, muß auch auf den gelehr
ten Vortrag angewendet werden §. 443.

§. 490. Die Gabe des gelehrten Vortrages
(donum didacticum) ist der Inbegrif aller Fertigkeiten
der Seele und des Körpers, ohne welchen kein vollkomme
ner gelehrter Vortrag möglich ist. Ohne dieser Gabe, kan
niemand ein Lehrer seyn §. 479.

§. 491. Ein Lehrer muß sich in seinem gelehrten
Vortrage nach seinen Schülern richten §. 479. Folglich
muß man ihm anpreisen 1) die Herablassung (condescen
dentia), wenn er Schüler von geringerer Fähigkeit vor

sich

sich hat, und seinen Vortrag dergestalt einrichtet, daß er für sie nicht zu hoch ist; 2) die **Erhebung** (coadscendentia) zu der größern Fähigkeit seiner Schüler, damit der Vortrag für sie nicht zu schlecht sey.

§. 492. Ein Schüler der gelehrten Erkentniß 1) muß von Natur zur gelehrten Erkentniß aufgelegt seyn; 2) er muß seinen Verstand schon geübt haben; 3) er muß oft schon einen Vorrath an gelehrter Erkentniß besitzen; 4) er muß den nöthigen Fleiß auf die Erlernung der gelehrten Erkentniß wenden. Ein Gelehrter muß also niemanden die gelehrte Erkentniß vortragen, als wer ein geschickter Schüler derselben ist; und er muß nicht zornig werden, wenn er sieht, daß manche Leute aus seinem Vortrage nichts lernen, er müste denn seinen Zorn wider sich selbst wenden, wenn er sieht, daß er seine Mühe bey den unrechten Personen anwendet.

§. 493. Bey einem gelehrten Vortrage hat man entweder vornemlich die Absicht, iemanden und seinen Irrthum zu widerlegen, und er ist alsdann eine **Widerlegung** eines andern (refutatio alterius), oder nicht. In dem letzten Falle betrachtet man den Leser oder Zuhörer als einen Schüler, der unwissend ist, nicht aber als einen Irrenden, und man sucht also eine vollkommene gelehrte Erkentniß in ihm hervorzubringen; ein solcher Vortrag heißt ein **Unterricht** (docere).

§. 494. Bey dem gelehrten Unterrichte müssen folgende Regeln beobachtet werden: 1) den Anfang muß man mit der Erklärung oder Beschreibung aller Begriffe machen, die in dem Gegenstande vorkommen, wenn sie anders bey dem Schüler nicht schon hinlänglich klar sind; und von der Richtigkeit dieser Begriffe muß man ihn überzeugen nach den Regeln des 258. 265. 267 und 278sten Absatzes.

§. 495. 2) Bey dem Unterrichte von einem unerweislichen Satze hat man nichts weiter nöthig, als daß
man

man ihn zergliedere, und wenn sichs will thun lassen, durc ein Beyspiel erläutere §. 313=318. 300. 487.

§. 496. 3) Bey dem Unterrichte von einem ar schauenden Urtheile muß man, dem Schüler, entweder all Empfindungen, aus denen dieses Urtheil besteht, wiede ins Gedächtniß bringen; oder man muß sie ihm bey den Unterrichte beybringen §. 319=321. 202; oder man mu ihn durch wahrscheinliche Zeugnisse überzeugen, daß ander! diese Empfindungen gehabt haben §. 206=215.

§. 497. 4) Bey dem Unterrichte von erweislichen Sätzen a) zergliedere man den Satz, und die Auflösung einer Aufgabe, damit sie recht verstanden werden; b) man trage den Beweis nach der analytischen Lehrart vor, un: bringe ihn in Einen oder in ein Paar förmliche Schluß reden, wenn er lang ist §. 423. 203. 204. 206=215; c) der ganzen Beweis führe man so lange fort, bis man entwe der auf unerweisliche und anschauende Urtheile komt, oder bis auf solche erweisliche Urtheile, von denen der ander schon hinlänglich überzeugt ist. Daher rührt die Citation der Absätze in den Schriften.

§. 498. 5) Man versiegele die Ueberzeugung von der Wahrheit durch eine practische Vorstellung ihrer practi schen Beschaffenheit: denn was das Herz liebt, glaubt de Verstand §. 216=245.

§. 499. Ein richtiger Beweis, daß ein Irrthum ein Irrthum sey, ist eine wahre Widerlegung (refuta tio vera); allein ein unrichtiger Beweis, daß entweder ein Irrthum ein Irrthum, oder eine Wahrheit ein Irr thum sey, ist eine Scheinwiderlegung (impugna tio). Nur Irrthümer können richtig widerlegt werden. Derjenige, welcher die Widerlegung unternimt, ist der an greifende Theil (aduersarius opponens), und wer die Widerlegung widerlegt, der vertheidigende (aduersa rius defendens). Die Vertheidigung ist also entweder richtig oder falsch. Eine gelehrte Streit trouerfia) beſteht aus der gelehrten Widerlegung und Vertheidigung einer Meinung.

§. 500. Derjenige Satz, welchen der angreifende Theil widerlegt, und der angegriffene vertheidiget, heißt der beſtrittene Satz (theſis controuerſa), und der Satz des angreiffenden Theils, welcher mit dem beſtrittenen Satze nicht zu gleicher Zeit wahr ſeyn kan, heißt der Gegenſatz (antitheſis). Er iſt alſo dem beſtrittenen Satze entweder auf eine widerſprechende §. 343, oder allgemeine Art §. 345 entgegengeſetzt. Die Streitfrage wird beſtimt (ſtatus controuerſiae, ſeu quaeſtionis formatur), wenn der angreifende Theil deutlich beweiſet, welches der beſtrittene Satz, und welches der Gegenſatz iſt.

§. 501. Wenn die Streitfrage nicht richtig beſtimt iſt, ſo führen die Gegner entweder gar keine Streitigkeit, oder ſie verfallen auf einen Wortſtreit (logomachia), das iſt, auf eine Streitigkeit, welche daher entſteht, weil man einander nicht verſtehet §. 500, und das iſt allemal eine thörichte und vergebliche Sache. Davon ſind aber verſchieden die Streitigkeiten über Worte (controuerſia philologica), welches wahre Streitigkeiten ſind, deren Gegenſtand aber Worte oder andere Ausdrücke ſind.

§. 502. Gelehrte Streitigkeiten müſſen nach folgenden Regeln geführt werden: 1) der angreifende Theil ſuche einen Fehler in dem Beweiſe ſeines Gegners §. 194, oder überhaupt eine Abweichung der Gedanken des Gegners von den Regeln der Vernunftlehre. Alsdenn hat er zwar die Sache ſelbſt nicht widerlegt, aber doch die Art zu denken ſeines Gegners. Wider einen ſolchen Angrif kan man ſich entweder gar nicht vertheidigen, wenn er richtig iſt; oder man muß zeigen, man habe die Regeln der Vernunftlehre nicht verletzt, deren Uebertretung uns vorgeworfen worden.

§. 503. 2) Der angreifende Theil demonſtrire den Gegenſatz, ſo folgt daraus, daß der ſtrittige Satz falſch, und daß der Gegner irre §. 500. Wider dieſen Angrif

kan

kan man ſich nur vertheidigen, wenn der Gegner einen
Fehler in ſeiner Demonſtration begangen, und den muß
man nach der erſten Regel zeigen §. 502.   Kan eine Parthey der andern zeigen, daß ſie erweisliche Sätze ohne Beweis annehme; ſo iſt dieſer Einwurf ſo lange unbeantwor-
tet, bis dieſer Beweis geführt wird.

§. 504. 3) Der angreifende Theil widerlege den
ſtreitigen Satz durch einen apogogiſchen Beweis §. 196.
Dahin gehört auch, wenn man zeigt, daß der ſtreitige
Satz einer andern Meinung des Gegners widerſpreche, ob
wir gleich dieſelbe nicht annehmen (argumentatio ad ho-
minem).   Wider einen ſolchen Angrif kan man ſich nur
vertheidigen, wenn in dem apogogiſchen Beweiſe ein Fehler iſt, und den muß man dem Gegner zeigen §. 502.

§. 505.   4) Wenn einer von den Gegnern die
Streitfrage verläßt, und Dinge vorbringt, wodurch der
beſtrittene Satz nicht widerlegt, und der Gegenſatz nicht
bewieſen wird; ſo muß man ſich auf ſolche Sachen nicht
einlaſſen, ſondern in der gegenwärtigen Streitigkeit ſie zu-
geben, damit ſie nicht gar zu weitläuftig werde §. 507.
Die andere Parthey kan ſich in dieſem Falle nur verthei-
bigen, wenn die erſte aus Uebereilung etwas zugeſtanden
hat, und da muß ſie zeigen, daß das Zugeſtandene allerdings
die Streitfrage betreffe.

§. 506. 5) Der angreifende Theil kan durch eine
Einſchränkung §. 299, die er zu dem beſtrittenen Satze
hinzu thut, zeigen, daß derſelbe nicht ſo allgemein wahr
ſey, als ihn der Gegner ausgibt.   Wider dieſen Angrif
können wir uns nur vertheidigen, indem wir entweder zeigen, daß dieſe Einſchränkung in die dermalige Streitfrage
keinen Einfluß habe, oder daß ſie falſch ſey, oder wenn
wir tüchtig beweiſen, daß unſer Satz ohne Einſchränkung
wahr ſey.

§. 507. 6) Der angreifende Theil bringt wider ſeinen Gegner eine Unterſcheidung (diſtinctio)
er den Unterſchied der Dinge zeigt,

wechſelt hat, und durch deren Verwechſelung er verleitet
worden, in eine Streitigkeit ſich einzulaſſen, oder zu irren.
Wider eine Unterſcheidung kan man ſich eben ſo vertheidigen, als wider eine Einſchränkung §. 506.

§. 508. 7) Der angreifende Theil kan, durch In-
ſtanzen, die Allgemeinheit der beſtrittenen Säße widerlegen. Eine Inſtanz (inſtantia) iſt eine Ausnahme von
einem Saße, aus welcher hinlänglich erhellet, daß er
nicht allgemein wahr ſey. Wider eine Inſtanz kan man
ſich nur vertheidigen, wenn man ſie entweder annimt, oder
zeigt, daß ſie ſich nicht paſſe, oder den beſtrittenen Saß
ſo einſchränkt, daß ſie ſich nicht paßt, oder die Allgemeinheit des beſtrittenen Saßes, ohne Abſehen auf die Inſtanz, darthut.

§. 509. 8) Der angegriffene Theil braucht Re-
preſſalien (retorſio), wenn er zeigt, daß dasjenige, was
der Gegner durch den apogogiſchen Beweis aus dem beſtrittenen Saße hergeleitet §. 504, vielmehr aus dem Ge-
genſaße folge. Und da kan ſich der angreifende Theil nicht
anders vertheidigen, als wenn er zeigt, daß ſein Gegner
einen Fehler in ſeinen Beweiſe begehe.

§. 510. 9) Nach vollendeter Widerlegung ſuche
man dem Gegner einen Abſcheu vor dem Irrthume beyzubringen, indem man, doch ohne Verletzung der Pflich-
ten, die man dem Gegner ſchuldig iſt, zeigt, daß derſelbe
gefährlich, ſchädlich und lächerlich ſey. Wider dieſen An-
griff kan man ſich nur vertheidigen, wenn man zeigt, der
Gegner ſehe unſere Meinung von der unrechten Seite an.
Durch eine richtige Beobachtung dieſer Regel werden, die
Widerlegungen, zugleich practiſch §. 489.

§. 511. Wenn man aus dem beſtrittenen Saße
ſchlimme und ungereimte Folgen herleitet, nicht etwa den
Gegner von ſeinem Irrthume zu überzeugen, ſondern ihn
irgends auf eine Art zu beleidigen, ſo iſt man ein Folgenmacher oder Conſequenzenmacher (conſequentia-
rius). Die Conſequenzenmacherey iſt nicht nothwendig

K   ein

ein Fehler wider die Vernunftlehre, aber sie ist allemal eine Sünde, und also werth, daß sie von allen redlichen Leuten verabscheuet werde.

§. 512. Die Vertheidigung wider einen Folgenmacher heißt die Verantwortung (apologia). Dieselbe kan man entweder mit logischen Waffen führen, wenn der Folgenmacher Fehler wider die Vernunftlehre begangen hat §. 511, da man ihm zugleich seinen Unverstand und böses Herz, doch ohne Folgenmacherey, zeigen muß; oder man muß sich der Waffen des Rechts bedienen, und alsdenn hat die Vernunftlehre nichts mehr dabey zu erinnern.

§. 513. Obgleich die gelehrten Streitigkeiten Nutzen haben §. 178: so muß doch ein Gelehrter 1) kein Handwerk aus der Widerlegung anderer machen; 2) über keine Kleinigkeit einen eigenen Streit anfangen; 3) die wichtigen und nöthigen Widerlegungen vollkommen gründlich führen, und 4) sich nicht wider alle Angriffe vertheidigen.

§. 514. Zwey streitende Partheyen disputiren mit einander (disputatio formaliter sumta), wenn der Gegensatz gelehrt vorgetragen und beurtheilt wird, und wenn beydes mündlich und in Gegenwart beyder Partheyen geschieht. Wer den Gegensatz gelehrt vorträgt, ist der Opponente (opponens), und wer ihn beurtheilt, das ist, das Falsche und Ungewisse in demselben und seinem Beweise entdeckt, ist der Respondente (respondens). Damit nun das Disputiren nicht unordentlich und gar zu weitläuftig werde, so muß nur der Opponente Beweise führen, und der Respondente nichts weiter thun, als die Beweise beurtheilen.

§. 515. Da die Reden, welche beym Disputiren gehalten werden, nicht in den Bezirk der Vernunftlehre gehören; so ist klar, daß der Opponente den Anfang des Disputirens macht, und da muß er 1) die Streitfrage bestimmen §. 500. 501. Wenn er die Meinung des Respon-

denten

denten nicht versteht, so muß er sich dieselbe von ihm erklären lassen. 2) Er greife den Respondenten an nach einer der §. 502,510 vorgetragenen Regeln.   3) Er trage,
der Kürze und Deutlichkeit wegen, seine Beweise in förm-
lichen Schlußreden vor §. 399, und 4) um eben der Ursa-
che willen bediene er sich der analytischen Lehrart §. 423.
Die socratische und platonische Lehrart macht das Disputiren zu weitläuftig und beschwerlich §. 430.   Man müste
denn durch die erste sich genötiget sehen, den andern Theil
bey der Streitfrage zu erhalten.

§. 516.   Der Respondente nimt das Argument
an (assumere argumentum), wenn er den Einwurf des
Opponenten wiederholt, und das ist nützlich, um denselben
recht zu überlegen, damit er ihm tüchtig beantworten könne.   Um der Kürze willen muß der Respondente weiter
nichts thun, als zeigen, wo der Opponente entweder in der
Materie, oder in der Form seines Beweises einen Fehler
begangen §. 502, und da muß er verlangen, daß der Opponente entweder seinen Vernunftschluß ändere, oder den
Vordersatz beweise, der dem Respondenten falsch oder ungewiß zu seyn scheint.

§. 517.   Der Beystand des Respondenten
(praeses) soll verhüten, daß der Respondente nicht den Gegensatz einräume, der noch nicht genugsam erwiesen worden.   Er muß also, wenn der Respondente nichts oder
nichts geschickters mehr zu antworten weiß, sein Amt
übernehmen §. 516.

K 2

Der

Der vierte Abschnitt,
von gelehrten Schriften.

Inhalt.

§. 518.

Der Vortrag vergangener Begebenheiten ist die Geschichte (historia). Die Schriften tragen entweder Geschichte vor, oder dogmatische Wahrheiten §. 104. Jene sind historische (scripta erudita historica), und diese dogmatische Schriften (scripta dogmatica). Welche entweder eine gemeine Erkentniß dogmatischer Wahrheiten vortragen, oder eine gelehrte §. 18. 21. Jene sind historisch-dogmatische (scriptum historico-dogmaticum), diese aber systematische Schriften (scriptum systematicum), welche scientifische Schriften sind (scriptum scientificum), wenn sie eine Wissenschaft vortragen §. 434. Eine jede Schrift ist in Absicht auf ihren Inhalt entweder sehr weitläuftig, oder sehr kurz. Jene ist ein grosses Werk (systema), diese aber ein Auszug (compendium).

§. 519. Die Historie erzehlt entweder Sachen, die zur Natur und Kunst gehören, in so ferne man dabey weder die freyen Handlungen der Menschen, noch ihre nähere Würkungen in Betrachtung zieht; oder sie erzehlt die freyen Handlungen der Menschen, samt alle demjenigen, was damit in einer nähern Verbindung steht. Jene ist die Geschichte der Natur und Kunst (historia naturae et artis), diese aber die Historie schlechtweg (historia stricte dicta). Zu der letzten gehört 1) die politische Historie (historia politica), welche die bürgerlichen und politischen Handlungen der Menschen erzehlt; 2) die Kirchenhistorie (historia ecclesiastica), erzehlt die Schicksale
der

der Kirche, und die Handlungen der Menschen, welche in dieselbe einen merklichen Einfluß haben; 3) die Privathistorie (historia priuata), erzehlt den Lebenslauf einzelner Personen, in so ferne derselbe keinen merklichen Einfluß in den Staat, die Kirche und die Gelehrsamkeit hat; 4) die gelehrte Historie (historia litteraria), erzehlt die Begebenheiten der gelehrten Welt, und sie ist entweder eine Historie der Disciplinen, oder der Gelehrten, oder der gelehrten Schriften.

§. 520. Eine historische Schrift muß 1) ausführlich seyn §. 481. 482, weder zu weitläuftig, noch zu kurz. Sie kan also in einer Absicht und für einen Leser ausführlich seyn, in einer andern Absicht und für einen andern Leser zu weitläuftig, und in einer dritten Absicht und für einen dritten Leser zu kurz. Mit der Zeit wird eine iede Historie zu kurz. 2) Wichtig, was sowol den ganzen Inhalt betrift, als auch dasjenige, was von demselben erzehlt wird §. 483. 3) Richtig §. 484. 4) Deutlich §. 485, daher ofte Gemälde und Kupferstiche nöthig sind. 5) Gründlich §. 488, folglich alles beweisen, nach den Regeln des 206··215ten Absaßes. 6) Practisch oder pragmatisch (historia pragmatica) §. 489. 7) Methodisch §. 487. 432.

§. 521. Wenn die Historie pragmatisch und ausführlich zu gleicher Zeit seyn soll, so muß sie dergestalt vorgetragen werden, daß eine Absicht erreicht werde, die practisch genung ist §. 520. Da nun alles, was in dieser Welt würklich ist, wenn es von uns Menschen erkant werden kan, nicht nur zur Ehre GOttes, sondern auch zu unserer Glückseligkeit abzwecket; so muß ein Historienschreiber diese beyden Absichten durch die Historie zu erreichen suchen. Insbesondere muß man bey der Naturgeschichte eine doppelte Absicht haben §. 519: 1) die Vollkommenheiten GOttes aus den natürlichen Dingen besser kennen zu lernen, und 2) den Lesern deutliche Begriffe von den natürlichen Dingen beyzubringen, und dadurch den Weg zur gelehrten Erkentniß derselben zu bahnen.

K 5   §. 522.

§. 522. Die Historie im engern Verstande §. 519, gereicht zur Ehre GOttes, wenn man aus den Begebenheiten der Menschen die göttliche Regierung des menschlichen Geschlechts, und die Vollkommenheiten, die GOtt bey derselben offenbaret, erkennet. Zur Glückseligkeit der Menschen gereicht 1) die bürgerliche Historie, wenn man daraus die politische Klugheit in Krieges- und Friedensgeschäften lernen kan; 2) die Kirchenhistorie, wenn man daraus die Klugheit lernen kan, die Kirche zu regieren, und wenn sie die Kennzeichen der wahren und falschen Kirche entwickelt; 3) die gelehrte Geschichte, wenn sie die Gelehrsamkeit befördert; 4) die Privathistorie, wenn man daraus die menschliche Klugheit im Privatleben lernen kan.

§. 523. Die historisch dogmatischen Schriften sind keine gelehrten Schriften §. 518. Wenn sie aber ausführlich, wichtig, verständlich, richtig und practisch sind; so sind sie Leuten sehr nützlich, die nicht gelehrt werden können und wollen, desgleichen auch Kindern, die zu den Wissenschaften angeführet werden sollen, um ihnen einen Vorschmack der Gelehrsamkeit einzuflössen.

§. 524. Ein systematisches Buch muß 1) ausführlich seyn §. 481. 482. Also muß es entweder alles enthalten, was zu der Zeit, da das Buch geschrieben worden, von einer Doctrin bekant ist, oder es muß so viel von derselben enthalten, als die besondere Absicht des Verfassers erfodert. Die ausführlichsten Schriften können mit der Zeit unausführlich werden, und man muß also die Ausführlichkeit eines dogmatischen Buchs, in Absicht auf die Zeit, den Verfasser und Leser, sorgfältig von einander unterscheiden; 2) wichtig §. 483; 3) richtig §. 484, indem nicht nur alle Gedanken, die in ihm enthalten sind, wahr sind, sondern ein ieder auch den Regeln der Vernunftlehre gemäs ist. 4) Deutlich und verständlich §. 485. 5) Gründlich §. 488, es muß also nach der gelehrten Lehrart und zusammenhangend geschrieben seyn. 6) Practisch §. 489. 7) Methodisch §. 414. 418.

§. 525. Das Zusammenschmieren (compilatio) besteht darin, wenn ein Verfasser alles, was er hie und da von der Materie, von welcher er schreiben will, findet, zusammenschreibt, ohne es gehörig mit einander zu verbinden. Obgleich ein zusammengeschmiertes Werk andern Gelehrten nützlich seyn kan, so bleibt es doch, in Absicht auf den Verfasser, ein elendes Werk. Eine Schrift wird zusammengestohlen (plagiarius), wenn sich der Verfasser für den Erfinder derjenigen Gedanken ausgibt, die er von andern gelernt hat.

§. 526. Wer aus einem grossen Werke einen Auszug macht (epitomator), indem er aus jenem alles wegläßt, was in Absicht auf seinen kleinern Zweck überflüssig ist, der kan ein sehr nützliches und nötiges Buch schreiben, wenn er nur seine Absicht vernünftig erwählt hat §. 518.

Der

Der vierte Haupttheil,
von dem Character eines Gelehrten.

Inhalt.

§. 527.

Der Character eines Gelehrten (character eruditi) besteht in dem Inbegriffe dererjenigen seiner Merkmale, welche die nähern Gründe und Ursachen der gelehrten Erkentniß sind.

§. 528. Der allgemeine Character eines Gelehrten (generalis character eruditi) ist der Character eines Gelehrten, in so ferne er die nähern Gründe der Gelehrsamkeit überhaupt enthält; der besondere aber (character eruditi specialis), in so ferne er die nähern Gründe von dieser oder jener Art, und von diesem oder jenem Theile der Gelehrsamkeit enthält.

§. 529. Das erste Stück des allgemeinen Characters eines Gelehrten besteht in dem gelehrten Naturel (natura erudita), oder in derjenigen Proportion aller Kräfte der Seele, vermöge deren ein Mensch zu der gelehrten Erkentniß geschickt und geneigt ist §. 528.

R 4 §. 530.

§. 530. Zu dem gelehrten Naturel gehört 1) der
Mutterwitz, der gelehrte Kopf (ingenium eruditum),
die Proportion der Erkentnißkräfte, wodurch ein Mensch
zur gelehrten Erkentniß geschickt ist. Dahin gehört a) die
Vernunft (ratio), das Vermögen, den Zusammenhang
der Dinge deutlich einzusehen §. 21, welche von Natur aufgelegt seyn muß, gesund, weitausgedehnt, stark, gründlich und schön zu werden. b) Der Verstand (intellectus),
das Vermögen deutlicher Erkentniß §. 21. 17, welcher von
Natur aufgelegt seyn muß, weit ausgedehnt, tiefsinnig,
rein und schön zu werden. Folglich gehört zum Mutterwitze eine grosse Aufmerksamkeit, Nachdenken, Ueberlegung und Abstraction §. 142. c) Ein schöner Geist
(ingenium pulchrum), die Proportion der Erkentnißkräfte, vermöge welcher ein Mensch zum schönen Denken aufgelegt ist §. 32.

§. 531. Zu dem gelehrten Naturel gehört 2) das
gelehrte Temperament (temperamentum eruditum),
oder die Proportion der Begehrungskräfte, und die Uebereinstimmung derselben mit dem Mutterwitze, kraft welcher
ein Mensch nicht nur geneigt ist, eine gelehrte Erkentniß
zu erlangen, sondern vermöge welcher auch die Erkentnißkräfte gehörig angestrengt werden, die vollkommenste gelehrte Erkentniß zu würken §. 529.

§. 532. Das gelehrte Naturel ist ein blosses Glücks-
gut, welches einem Menschen angebohren werden muß,
ohne welchem es aber unmöglich ist, irgends durch eine
Kunst die gelehrte Erkentniß zu erlangen.

§. 533. Der Mutterwitz wird die angebohrne
natürliche Vernunftlehre (logica naturalis connata)
genant, die Wissenschaft aber der gelehrten Erkentniß und
des gelehrten Vortrages der Schulwitz, oder die künstliche Vernunftlehre (logica artificialis). Die undeutliche Erkentniß der Regeln des Mutterwitzes, samt der
Fertigkeit sie zu beobachten, die man durch den blossen Gebrauch

brauch des Mutterwitzes erlangt, heißt die erlangte natürliche Vernunftlehre (logica naturalis acquisita theoretica et practica), und man rechnet sie zum Mutterwitze
im weitern Verstande. Der Mutterwitz widerspricht dem
Schulwitze nicht, er ist sowol in der Theorie, als auch in
der Ausübung des letztern unentbehrlich. Er ist auch auß-
ser den Disciplinen hinreichend. Allein ohne Schulwitz
kan keine gelehrte Erkentniß erlangt werden, er verbessert
den Mutterwitz, und wenn mit einem grossen Mutterwitze
ein grosser Schulwitz verbunden wird, so kan es ein
Mensch viel höher bringen, als durch den besten Mutterwitz
allein genommen.

§. 534. Wer ein grosser Gelehrter werden will,
der muß der Natur folgen, und sich nur der gelehrten Erkentniß befleißigen, wenn er das gelehrte Naturel besitzt,
und in so ferne er es besitzt §. 532.

§. 535. Man kan erkennen, ob man das gelehrte
Naturel besitzt: 1) wenn man eine vernünftige Neigung zu
der gelehrten Erkentniß hat, weil uns ihre Vollkommenheiten vergnügen; 2) wenn es uns leicht von statten geht,
so oft wir gelehrt denken; 3) wenn man durch einen Versuch gewahr wird, man könne würklich gelehrt denken.

§. 536. Das andere Stück, des allgemeinen Characters eines Gelehrten, besteht in den Fertigkeiten, die er
durch Uebungen nach und nach erlangt §. 527. Zu den
Fertigkeiten eines Gelehrten gehört: 1) Die Ausdehnung
des Verstandes und der Vernunft (extensio intellectus
et rationis), die Fertigkeit viele Dinge deutlich und in einem vielfältigen Zusammenhange, und von einem ieden
Dinge viele klare Merkmale zu erkennen §. 25. 2) Die
Stärke der Vernunft und des Verstandes (intensio
intellectus et rationis), die Fertigkeit, die Sachen in einem grossen Grade der Vollständigkeit und mathematischen
Gewißheit zu erkennen §. 27. 28. 29. 3) Die Fertigkeit
schön zu denken §. 32. 4) Ein grosses Herz §. 91.

R 5 (magni-

(magnitudo pectoris), die Fertigkeit dem gelehrten Tem=
peramente gemäß zu denken und zu handeln §. 531, wel=
ches die Fertigkeit voraus setzt, nicht anders als groß und
practisch zu denken §. 26. 30.

§. 537. Die gelehrten Uebungen sind A) die all=
gemeinern (exercitia generaliora), die öftern Wiederho=
lungen des gelehrten Meditirens überhaupt. Dahin gehö=
ret 1) das gelehrte Naturalisiren, die Uebungen, die
man ohne Kunst vornimt, und welche die natürliche er=
langte Vernunftlehre ausmachen §. 433.

§. 538. 2) Die vollkommenern, regelmässigen
und künstlichen Uebungen (exercitia oculatiora, logica
artificialis practica), oder die öftere Beobachtung der Re=
geln der künstlichen Vernunftlehre. Zu dem Ende a) ler=
ne man eine gute künstliche Vernunftlehre; b) man suche
alle Regeln derselben auszuüben; c) wenn man eine Reihe
Gedanken, nach den logischen Regeln, erzeuget und auf=
geschrieben hat, so halte man sie gegen diese Regeln, und
untersuche, wo man sie beobachtet habe oder nicht. Durch
diese Uebungen muß man es endlich dahin bringen, daß
man, die Regeln der künstlichen Vernunftlehre, im Den=
ken und Reden beobachte, ohne sich ihrer bewußt zu seyn.

§. 539. B) Die besondern gelehrten Uebun=
gen, oder das Studieren (exercitia erudita specialiora)
besteht in allen Handlungen, wodurch die gelehrte Erkent=
niß in demjenigen entsteht und verbessert wird, der diese
Handlungen vornimt. Es gehören dahin sechs Uebungen.

§. 540. 1) Das lernen aus einem mündlichen
Vortrage. Weil diese Uebung die leichteste und sicherste
ist, so muß man von ihr den Anfang machen. Wer durch
diese Uebung gelehrt werden will, der muß 1) seinen Kopf,
durch die niedrigern und schönen Wissenschaften, zur Ge=
lehrsamkeit vorbereitet haben. 2) Er muß sich, wenig=
stens einen mittelmässig tüchtigen Lehrer, aussuchen, aus
dessen mündlichem Vortrage er eine gute gelehrte Erkentniß
zu

zu erlangen hoffen kan. 3) Er muß auf den mündlichen Vortrag gehörig achtung geben, damit er den Lehrer und seinen Vortrag recht verstehe. 4) Er muß alles, was der Lehrer vorträgt, oder wenigstens die Hauptsachen seines Vortrages durchmeditiren §. 436. 437. 5) Er muß alles, was er gehört hat, logisch beurtheilen (logice diiudicare), das ist, zu erkennen suchen, was für logische Vollkommenheiten oder Unvollkommenheiten in demselben angetroffen werden. Daher muß er untersuchen, zu was für einer Art und Gattung der gelehrten Erkentniß dasjenige gehört, was er beurtheilen will; er muß sich der logischen Regeln dieser Art oder Gattung erinnern, und aus der Vergleichung des Gegenstandes mit diesen Regeln zu erkennen suchen, ob er denselben gemäs oder nicht gemäs sey.

§. 541. II) Das lesen gelehrter Schriften. Zu dem Ende muß man a) einen vernünftigen Zweck sich vorsetzen, um dessentwillen man gelehrte Schriften lesen will. Ein Studierender muß also Bücher lesen, 1) um eine Disciplin zu wiederholen, die er schon gelernt hat; 2) um unsere gelehrte Erkentniß immer mehr und mehr zu verbessern; 3) um einen Theil der Gelehrsamkeit zu lernen, den man noch nicht verstehet; 4) um sich in der Beobachtung der Regeln der Vernunftlehre zu üben. b) Man muß sich ein Buch aussuchen, welches geschickt ist, diese Absicht zu befördern. Folglich muß man 1) nicht alle Bücher so lesen, wie sie einem unter die Hände gerathen. 2) Im Anfange nur solche Bücher lesen, von denen man, nach einer logischen Beurtheilung, gefunden hat, daß sie geschickt sind, unsere Absicht zu befördern. 3) Wenn man schon eine Fertigkeit besitzt gelehrt zu denken, so kan man auch mit Nutzen solche Bücher lesen, die voller Mängel und Fehler sind. c) Man muß das Buch und den Verfasser recht zu verstehen suchen. d) Man muß einen ieden Gedanken, welcher in dem Buche vorgetragen worden, durchmediti-

ten

ren und logisch beurtheilen, wie §. 540. n. 4. 5, dann
man die vorgetragenen Sachen recht einsehen lerne.

§. 542. Das nützliche Lesen gelehrter Schrifte
wird, durch die Beobachtung folgender Regeln, beför
dert: 1) Man lese mit der grösten Aufmerksamkeit, ohr
fremde Gedanken zu dulden. 2) Man lese das Buch vo
vorne an durch, wenn es systematisch geschrieben i
3) Man unterbreche das Lesen niemals in einer genau zu
sammenhangenden Materie. 4) Man lese das Buch lang
sam eilend durch, und weder zu geschwinde noch zu lang
sam. 5) Man muß des Lesens nicht überdrüssig wer
den, ehe man zu Ende gekommen. 6) Man muß nich
gar zu viele Bücher, sonderlich von verschiedenem Inhalt
unter einander lesen. 7) Man mache von den kürzen
Auszügen den Anfang, gehe zu den grössern Werken fort
und endlich lese man Schriften, welche von besondern Ma
terien ausführlich handeln. 8) Man lese die Schriften
die zu einem Haupttheile der Gelehrsamkeit gehören, nach
der synthetischen Lehrart.

§. 543. Das Lernen der gelehrten Erkentniß wird
sehr befordert, theils wenn man anfangs nur von Einem
Lehrer die Anfangsgründe der Gelehrsamkeit, der man sich
gewidmet hat, lernt; theils wenn man die gelernten Wahr
heiten alsobald braucht und zur Ausübung bringt.

§. 544. III) Die öftere Wiederholung (repeti
tio), oder Erinnerung desjenigen, was man gelernt hat.
Dazu wird erfodert, daß man folgende Regeln beobachte:
1) Man muß, aus dieser Wiederholung, kein blosses Aus
wendiglernen machen. 2) Man muß bey der Wiederho
lung einen ieden Gedanken eben so durchmeditiren und be
urtheilen, als wenn man ihn zum erstenmal lernen wolte,
ob dieses gleich immer hurtiger und leichter von statten
geht. 3) Man wiederhole die, nach der synthetischen
Lehrart gelernten, Wahrheiten nach der analytischen und
schliessenden Lehrart §. 423. 428. 4) Man wiederhole die
Wie

Wiederholung öfters, mit einiger Veränderung. 5) Man lerne immer mehr zu, und übe die gelernten Wahrheiten aus. 6) Wenn man bey der Wiederholung seine Meditationen aufschreibt, so wird dadurch diese Uebung sehr befördert. 7) Man trage die gelernten Wahrheiten schriftlich oder mündlich auf eine gelehrte Art vor. 8) Man unterrede sich mit andern von den gelernten Wahrheiten.

§. 545. Die Wiederholung und das Erlernen der gelehrten Erkentniß wird sehr befördert, wenn man sich kurz, und mit einer vernünftigen Wahl, dasjenige aufschreibt, was man zu vergessen befürchtet, und welches uns das übrige zugleich wieder ins Gedächtniß bringet.

§. 546. IV) Das Nachforschen (inuestigatio), oder die vernünftige Nachahmung anderer Gelehrten in ihrem gelehrten Denken und Vortrage. Zu dem Ende 1) erwähle man sich einen grossen Gelehrten, zum Muster der Nachfolge. 2) Man untersuche, wie es derselbe macht, daß er so gelehrt, so gründlich, so ordentlich u. s. w. denkt. 3) Man untersuche, wie er die Wahrheiten entdeckt hat, oder wie sie könten entdeckt werden, wenn sie noch nicht erfunden wären. 4) Man suche in ähnlichen Fällen eben so zu denken, und zu reden.

§. 547. V) Man trage andern die Disciplinen auf eine gelehrte Art, entweder mündlich oder schriftlich vor. Oder der gelehrte Vortrag ist eine Uebung in der gelehrten Erkentniß; denn durch lehren lernen wir.

§. 548. VI) Die Erfindung neuer Wahrheiten (inuentio), wenn wir auf eine gelehrte Art etwas erkennen, ohne daß wirs von andern Menschen lernen; wir mögen nun entweder die ersten Menschen seyn, die dasselbe erkennen, oder es mögen es schon andere vor uns gewußt haben. Diese Uebung ist die schwerste, welche man bis zuletzt versparen muß.

§. 549. Ein Autodidactus ist ein Gelehrter, welcher ohne Lehrer gelehrt worden ist, es sey nun, daß er
entwe-

entweder seine ganze Gelehrsamkeit erfunden §. 548, obe
nur keinen mündlichen Unterricht genossen hat. Ein ver
nünftiger Mensch erwählt den leichtesten und sicherste
Weg, wenn er zuerst aus einem mündlichen Vortrage zu
lernen sucht, alsdenn Bücher lieset, und seine Erfindungs-
kraft lieber anwendet ganz neue Wahrheiten zu entdecken,
als solche, die schon längst bekant gewesen sind, wenn ihm
alles dieses sonst nur möglich ist.

§. 550. Gleichwie es ein Fehler ist, wenn man
ohne Mutterwitz gelehrt werden will §. 534; also ist es
eine nachläßige Art gelehrt zu denken (negligens eruditionis genus et impolitum), wenn man mit dem Mutterwitze nicht die Kunst gehörig verbindet §. 533.

§. 551. Die affectirte und gezwungene Ar
gelehrt zu denken (affectatum et coactum eruditioni
genus) entsteht daher, wenn der Schulwitz mit dem Mut
terwitze auf eine schlechte Art verbunden wird: 1) wenn
die Regeln der künstlichen Vernunftlehre falsch und ungegründet sind; 2) wenn ihre richtigen Regeln schlecht angewendet werden, indem sie sich entweder für die Wahrheiten,
oder für das Naturel des Gelehrten nicht schicken.

§. 552. Eine Erkentniß und ein Vortrag, welche
blos gelehrt sind, sind die trockene, nüchterne, rauhe,
scholastische und schulfüchsische Art der Gelehrsamkeit (macilentum, ieiunum, pedanticum, scholasticum
eruditionis genus). Um dieselbe zu verhüten, muß ein
Studierender täglich einige Zeit, in den Erholungsstunden,
auf die schönen Wissenschaften wenden.

§. 553. Das dritte Stück des allgemeinen Characters eines Gelehrten besteht in dem gelehrten Fleisse
(diligentia erudita), oder in einer so grossen Anstrengung
aller erlangten gelehrten Fertigkeiten, als iedesmal erfodert
wird, wenn man in einem gewissen Grade der Vollkommenheit gelehrt denken und vortragen will §. 527. Zu
dem Ende muß man zehn Regeln beobachten.

§. 554.

§. 554. 1) Ein Studierender muß, vor allen Dingen, den Horizont seiner gelehrten Erkentniß aufs richtigste abzeichnen, damit er lebesmal schon wisse, worauf er seinen gelehrten Fleiß zu richten habe. Und damit dieser Horizont weder zu klein noch zu groß angenommen werde, so muß man ihn nach und nach weiter ausdehnen, nachdem unsere Kräfte und Geschicklichkeiten zunehmen.

§. 555. 2) Ein Studierender muß seine Kräfte aufs genaueste beurtheilen, ob sie zur Gelehrsamkeit überhaupt, und zu demjenigen Theile derselben, auf den er sich legt, und zu der Erkentniß dieser oder jener Wahrheit zu reichen. Zu dem Ende a) muß er sich prüfen, ob er das gelehrte Naturel besitze §. 529 - 535. b) Man verwandele dasjenige, in dessen Absicht man seine Kräfte prüfen will, in eine Aufgabe §. 328 - 339, und untersuche, ob man Kräfte genung habe, die Auflösung würklich zu machen. c) Man hüte sich, vor dem Vorurtheile des gar zu grossen Vertrauens und Mißtrauens, bey der Beurtheilung seiner Kräfte §. 170. d) Man prüfe seine Kräfte durch einen neuen Versuch. e) Man losse sich von andern beurtheilen.

§. 556. 3) Beym Studieren muß man nicht zu viel Fleiß anwenden, und den gelehrten Fleiß nicht richten auf Dinge, die über, unter und ausser dem Horizonte unserer gelehrten Erkentniß angetroffen werden §. 554.

§. 557. 4) Man muß auch nicht zu wenig Fleiß anwenden, sondern so viel als erfobert wird, alle gelehrten Uebungen gehörig vorzunehmen, und nach und nach den ganzen Horizont unserer gelehrten Erkentniß durchzustudieren.

§. 558. 5) Man muß so zeitig zu studieren anfangen, als es möglich ist; was man thun will, das thue man bald.

§. 559. 6) Man muß, wenn es sonst uns möglich ist, täglich studieren, und gelehrt denken. Wer nicht weiter vorwärts geht, der geht rückwärts.

§. 560.

§. 560. 7) Man muß, mitten in dem Laufe d
Studierens, iederzeit langsam eilen. Damit man nic
zu sehr eile, muß man eine gelehrte Beschäftigung nic
eher verlassen, bis man nicht allen Regeln der Vernunf
lehre bey derselben ein Genügen geleistet. Damit ma
aber auch nicht zu langsam sey, muß man die Begierde z
studieren gehörig anfeuren.

§. 561. 8) Man muß niemals zu lernen aufhöre
indem man entweder immer was neues zulernt, oder da
schon gelernte besser erkennen lernt.

§. 562. 9) Man muß die schon erlangte Gelehr
samkeit beständig zu verbessern, und ihre noch rückständi
gen Mängel und Fehler zu heben suchen.

§. 563. 10) Man muß mit dem Studieren d
tägliche Erfahrung, den Umgang mit der ehrbaren Wel
und den Gebrauch der Dinge selbst, über die man gelehr
meditirt, verknüpfen; damit man nicht als ein blosser ge
lehrter Wurm vom Schulstaube lebe, und platonische
Republiquen erträume.

E N D E.

Druckfehler.
§. 131. Z. 4. statt Einwickelung, Entwickelung.

9 7 8 3 7 4 3 3 0 0 2 3 1